# 최고선과 칸트 철학

# 최고선과 칸트 철학

박필배 지음

summum

bonum

성균관대학교
출판부

# 들어가는 말

최고선 개념은 상당히 긴 역사를 지닌다. 이 개념은 철학의 역사 속에서 인간의 행복에 대한 물음을 설정했다. 특히 고대와 근대의 윤리학에서 이 인간 행복에 대한 물음이 중요시되었고, 이 물음은 무엇보다도 최고선 개념을 통해서 해소되었다.

칸트의 비판적 윤리학은 우선적으로 최고선과 어떠한 연관도 지니고 있지 않은 것으로 보인다. 수많은 이론가들이 주장하듯이 칸트의 윤리학은 형식적이고 그와 더불어 최고선 개념의 필연적 성분인 행복 개념이 칸트의 윤리학 속에서 무시되어졌다고 생각했기 때문이다. 그러나 칸트는 그의 비판적 윤리학에서뿐만 아니라 그의 전 윤리학적인 이론 속에서도 행복에 대한 물음을 배제할 수 없었는데, 그에 따르면 세계 내에서 인간 일반의 도덕적인 자기이해는 필연적으로 행복에 대한 물음을 제기했기 때문이다. 따라서 그는 인간의 행복, 특히 도덕성의 개념을 포함하고 있는 행복개념을 초안하지 않을 수 없었다. 이에 따라 그의 기본적인 생각은 '도덕적인 견지에 따라 공헌하는 인간만이 참으로 행복하다'로 이해된다. 이러한 생각 속에는 도덕법칙의 수행 또는 최고선 개념이 문제시되며, 여기서 바로 칸트 윤리학은 단지 형식적이지만은 않다는 것이 드러난다. 도덕법칙의 수행문제와 최고선의 개념은 형식적 윤리학이 다루지 않는 도덕성의 질료까지도 포함하고 있기 때문이다.

그러나 최고선의 개념은 윤리적인 측면에서뿐만 아니라 체계적인 측면에서도 고려되지 않을 수 없다. 최고선의 개념은 두 개의 아주 상이한 개념을 포함하고 있다. 즉 자연 경향들의 총체인 행복개념과 실천적 개념인 도덕성을 포함하고 있다. 칸트는 그의 실천철학에서뿐만 아니라 그의 전소 철학에서 이론이성과 실천이성, 더 자세히 말하면 순수이성의 이론적 사용과 실천적 사용을 통일 또는 결합하려고 노력한다. 이러한 입장에 따라 칸트의 비판철학 내에서 최고선의 개념도 체계적 물음과 연관되어 고려되지 않을 수 없다. 실제로 칸트는 그의 비판철학 내에서 최고선의 개념을 윤리학과 연관 속에서뿐만 아니라 형이상학과의 연관 속에서도 다루고 있다. 그러나 최고선의 초기 이론은 주로 윤리적인 문제, 즉 도덕법칙의 수행을 위한 선천적인 원리로서 논구되어지고, 그에 반해 최고선의 후기 이론은 더이상 도덕법칙의 수행을 위한 선천적인 원리에 관계하지 않고, 이론이성과 실천이성의 통일 내지는 결합이 중요시되는 체계물음 속에서 논구되어지고 있다.

칸트가 형이상학을 실천적인 것으로 간주하고 그에 따라 이성체계의 완성을 오로지 실천적 형이상학 속에서만 가능한 것으로 생각했을 때, 순수이성 개념인 이념의 문제가 등장한다. 그러나 이러한 이념들은 어떠한 정당성을 지니는가? 이러한 물음과 더불어 최고선의 이념도 그 의미가 주어진다. 최고선의 이념이 단순한 이념으로 남아있지 않고 칸트의 비판적 윤리학과 형이상학에서 하나의 역할을 수행한다면, 비록 이것이 정초 내지는 근거로서 기여하든 또는 체계의 완성이라는 의미를 지니든, 칸트 비판철학의 이해에 기여하게 될 것이다.

## 제 1 부

전통의 최고선 개념과
칸트의 비판철학

# 제1장

# 전승된 최고선 개념

## 제1절  칸트의 눈에 비친 전승된 최고선 개념

최고선 개념은 플라톤Platon과 아리스토텔레스Aristoteles 이래 고대 철학의 특성을 형성했고, 이러한 사태의 의식은 후기 아리스토텔레스의 체계, 특히 스토아학파와 에피쿠로스학파의 체계 속에서 지배적이었다. 이런 사실은 우선적으로 전승된 최고선 개념에 대한 개관과 칸트의 시각에 따른 이 개념의 비판이 필요함을 보여주고 있다. 고대 윤리이론과의 대결에 있어 칸트는 방법적으로 이 이론들을 18세기의 도덕 철학과 평행선상에서 설정했고, 이 이론들을 체계적으로 요약하여 서술하고 또한 서로 서로를 비교하고 비판적으로 해석했으며, 결국 이를 토대로 자기 자신의 고유한 이론을 명백하게 형성했다.

1760년대 중반에 저술된 『반성들』[1]에서 칸트는 이미 최고선 개념을 주제화하고 있다. 특히 고대 그리스의 전통적 윤리이론과의 대결을 통해 그 특징을 밝히고 있다. 그는 고대의 윤리이론을 네 가지로 구분하여 논구하고 있다. 칸트가 구분한 네 가지는 키니커 이론, 신비주의 이론, 에피쿠로스 이론과 스토아 이론 등이다.

1) 키니커 윤리이론의 주창자는 디오게네스Diogenēs이며, 그는 단순한 자연과 본성 그리고 소박함을 높이 평가한다. 그의 주장에 따르면 행복은 최고도의 무욕과 단순함에서 비롯된다. 결국 디오게네스의 이상은 단순함이며 자연인을 의미한다. 키니커들은 행복을 고통의 결핍에서 보았고, 도덕성을 악덕의 부재로 보았다. 칸트는 키니커 윤리이론의 본질을 수단의 최소화 속에서 찾고 있다. 즉 "우리의 욕구는 욕망을 최소화하면서 도덕적인 좋음을 위해서는 도덕적 노력을 최소화하는 것이다."(XIX 95) 결국 키니커에게는 주로 근원적인 단순함의 유지나 보존이 중요시되었는데, 이런 사실은 인간의 자연적 본성에 합당하다는 그들의 주장을 더욱 분명히 하고 있다.

2) 칸트는 고대 도덕철학에서 신비주의적 입장의 대변자로 플라톤을

---

1 칸트의 저술은 베른린 왕립 학술원(후에는 독일 학술원)의 편찬 판에 따라 인용된다. 세 비판서(『순수이성비판』,『실천이성비판』,『판단력비판』)는 오늘날의 정서법에 따라 서술되고 독일 학술원 판의 가장자리 페이지가 씌여지고 기타의 저술은 독일 학술원 판의 각 권과 쪽 표시가 부여된다. 순수이성비판의 A 또는 B 표시는 각각 제1판(1781) 또는 제2판(1787)을 표시한다.

꼽고 있다. 칸트는 플라톤을 무한한 목표일 수 있는 것만을, 다시 말하면 신적 직관을 도덕적 삶의 출발로 간주하는 도덕철학자로 보았다. 도덕성은 플라톤에 있어 단지 이념의 표상을 통해서만 가능하다. "이념에서 비롯된 도덕! 플라톤은 신 속에서 이념을 찾았고, 또는 신의 개념을 이념에서 만들었다."(XIX 177) 따라서 플라톤의 신비주의에 따르면 최고선의 표상은 감각세계를 초월하여 초자연적인 차원에서나 가능한 것이다. 행복은 현생을 마친 후, 신에 대한 직접적인 직관을 통해 완성되는 은총으로서의 이념 속에서만 성립할 수 있다. 따라서 최고선의 근거는 자연이나 현세가 아니라 최고의 본질과의 합치 속에 있게 된다. 따라서 플라톤의 윤리이론은 신비주의적이다. 칸트는 이런 윤리이론을 "플라톤적 지적 직관의 신비주의적 이상"(XIX 108)으로 평가한다.

3) 에피쿠로스 윤리이론의 대표자인 에피쿠로스Epikur는 행복을 전적으로 결합된 경향들의 만족으로 보았고, 이런 행복 속에서만 최고선을 찾고 있다. 다시 말하면 행복이 전적으로 최고선이다. 에피쿠로스는 최고선의 원리를 감각적 만족의식 속에 세웠다. 덕이나 윤리는 이미 행복을 촉진하는 격률 속에 놓여있는 것이다. 여기서 덕은 행복을 위한 수단으로서만 파악될 뿐이다. "에피쿠로스는 모든 덕 있는 행동의 목표를 감각에 대한 대상들의 관계, 즉 경향들의 만족과의 관계에서 설정했고, 덕을 단지 수단을 고려한 이성의 형식을 통해서만 구별했다."(XIX 115) 에피쿠로스의 원리는 '유쾌함의 이상'이며 '체세의 학설Lehre der Klugheit'이다. 이런 체세술에서

행복이 기원하며 그리고 어떻게 행복을 얻을 수 있는가가 제시된다. 따라서 덕은 행복을 위한 행위들의 목적에서만 성립한다. "덕은 행복에 대한 영리한 태도의 필연적인 결과로 간주된다."(XIX 109) 본래적인 행복을 얻기 위해 덕은 '즐거운 마음'을 만들어 낸다. 여기서 덕은 도덕적 감정으로 특징지어질 수 있는 것으로, 단순히 물리적 육체적 즐거움이 행복을 보장하는 것이 아니라 내면적 정신적 즐거움이 행복과 밀접하게 관련되어 있음이 드러난다.

4) 스토아 이론의 주창자는 제논Zeno이다. 그는 최고의 행복을 덕에 대한 의식, 즉 모든 감각적 규정근거로부터 독립된 실천이성에서 정립한다. 덕이 완전한 최고의 선이다. 그러나 덕을 이상으로 세운 스토아 이론의 체계는 행복에 대해서는 소극적이다. 행복은 단지 덕에 대한 욕구의 일치이며, 덕의 필연적인 결과로 주관의 상태에 속하는 것으로 덕의 소유에 대한 의식일 뿐이다. 제논은 모든 덕있는 행위의 목적을 예지적 관계에서 그리고 모든 감성을 넘어서는 권위와 지배 속에서 파악하고 있다. 상태의 우연성은 덕있는 자의 내적인 가치를 만들지 못한다. 칸트는 스토아의 이상을 스토아적 지혜론으로 파악한다. 이 지혜론은 어떻게 우리가 덕 있는 행복을 누릴까에 대한 규칙들을 부여한다. "지혜는 좋은 것, 완전성만을 목표로 한다. 즐거움의 상태는 사태나 감각에 매달리지 않고 현자는 자신의 덕에서 행복하다."(XIX 109)

고대의 윤리이론들에서 최고선에 이르는 길은 1) 단순한 자연, 2)

최고의 본질과의 일치, 3) 즐거움 그리고 4) 덕의 의식에 놓여있다. 따라서 고대인들의 윤리이론의 기본적 물음은 인간임의 완성으로서 최고선이다. 인간임의 완성으로서 최고선은 이상, 즉 전적인 완전성에 대한 개별자의 표상으로 세워진다. 그래서 완성된 도덕성과 행복은 이상 속에서 하나가 된다.

"고대인의 윤리이론은 최고선의 두 요소, 또는 최고선의 본질적인 조건들인 도덕성과 행복을 하나로 만들려는 의도를 지닌 것 같아 보인다. 디오게네스는 소극적인 즉 자연의 단순함에서, 에피쿠로스는 도덕성을 행복 위에서, 제논은 행복을 자족적인 도덕성에서 하나로 만들려 한다."(XIX 116)

결국 고대인들에 있어서 최고선의 근원은 1) 자연의 이상으로서 물리적이든가, 2) 신성의 이상으로서 신비적이든가, 3) 체세의 이상으로서 실용적이든가, 4) 지혜의 이상으로서 도덕적인 것이다. 고대인의 이런 입장에서 인간임의 완성으로서 최고선은 모든 도덕적 행위의 척도이며 목표로 간주된다.

그에 반해 근대의 윤리 규범은 더 이상 인간임의 완성이나 본질 그리고 목적에 관계하지 않는다. 근대인에게 있어서는 도덕적 평가의 원리가 중요시되었고, 그와 더불어 도덕적 행위와 비도덕적 행위를 구별하는 명확한 기준이 문제시되었다. "근대인의 규범 체계는 도덕적 평가의 원리를 찾는 데 기여하고 있다."(XIX 116) 칸트는 근대 도덕철학의 본질적인 특징을 최고선 개념의 비통일성에서 파악하고 있다. 그에 따르면 이 비통일성은 우선적으로 기독교에 의해서 이루어졌고, 그와 더불어 기독교 윤리는, 순수 철학적으로 보자면, 최고선을 도덕성의 원리로부터 분리해낸 처음의 학설이었다. "기독교의 이론가들은 덕과 행복의 두 관계 원리가 상이하고 각기 근원적이라는 것을 올바르게 정립했다."(XIX 238) 따라서 기독교 윤리는 도덕성과 행복의 원리적인 구별을 완수했다. 그러나 칸트는 기독교 윤리가 이런 구별을 하게 된 주된 이유를 기독교가 도덕법칙의 순수성과 그 법칙의 절대적 엄숙함을 확보하기 위해서라고 이해하고 있다.

인간은 자기 자신의 노력을 통해서 도덕법칙에 결코 완전하게 적응할 수 없다. 따라서 인간은 자기 스스로는 도덕적 완성과 그 완성 속에 포함된 행복을 이룰 수 없다. 칸트는 바로 이러한 인간의 도덕적 능력을 넘어서는 무제약적 법칙을 성스러운 것으로 특징짓고, 그에 합당하게 기독교의 이상을 성스러움의 이상으로 규정한다.

"기독교의 이상은 성스러움의 이상, 즉 도덕성의 순수함의 이상이다. 이런 순수함은 신의 눈앞에서만 성립할 수 있고, 이 순수함의 이상은 이성이 오직 인간 심성의 순수성을 조사할 수 있는 시금석이 된다."(XIX 309)

따라서 기독교 윤리학은 신과의 일치에서 비롯되는 은총 또는 성스러움의 윤리학으로 평가된다. 여기서 최고선은 더 이상 이 세계의 자연에서 성립되는 것이 아니라 신과의 일치에서 드러나는 것이다. 기독교가 말하듯이, 인간은 자기 자신의 노력을 통해서는 결코 최고선에 도달하기를 희망할 수는 없으나, 그럼에도 최고선을 확고하게 믿을 수는 있다. 도덕법칙에 완전하게 합당한 능력이 인간에게 없음에도 불구하고 그 인간에 대해 도덕성과 행복의 결합인 최고선이 가능하다면 무엇보다도 신을 통해서 성스러움의 결핍을 보충할 필요가 있다.


## 제2절  전승된 최고선 개념에 대한 칸트의 비판


칸트는 지금까지 논의된 고대 윤리이론과 기독교 윤리를 행복 내지는 최고선의 근원과 실행 조건들과 관련하여 서로 서로 비교하고 비판한다.

키니커 이론에 따르면 최고선은 인간의 본성에 적합한 삶에서 성립한다. 키니커 원리는 자연적 단순함의 이상이며 소박함의 이상이다. 칸트는 이런 이론을 행복과 도덕성에 있어서도 언제나 부정적이라고 판단한다. 그럼에도 이런 이론이 칸트에 있어 무의미한 것만은 아니다. 키니커 이론은 인간의 본성에 따른 이론으로 '가장 인위적인 교육'의 이상이며 시민적 사회의 이상이다. 이런 입장과 관련하여 칸트는 디오게네스의 계승자로 루소Rousseau를 염두에 두고 있다. 디오게네스의 주장에 따르면 행복한 삶은 오직 인간의 본성에 따라 단순함과 욕구의 제한을 통해 성취될 수 있다. 그럼에도 불구하고 이런 이상은 결코 성취될 수 없다. 이런 학설은 이론적으로는 올바르나 실제에는 적용될 수 없다. 이런 학설은 도덕철학에 대한 이론이 아니라 단순히 '수단에 대한 교설', 즉 체세술Lehre der Klugheit에 불과하다.

플라톤의 도덕적 입장에 따르면 최고선은 우리의 도덕적 활동에 의해 성취되지 않는다. 최고선은 방해되는 모든 외적인 조건에서 벗어나 있는 이념의 세계에 놓여있다. 이런 세계는 지적 직관의 세계이며, 신과의 일치에서 비롯되는 세계이다. 이런 이념의 초감각적인 직관은 우리의 권위 밖에 있고 오로지 신적인 직관만을 의미하는 것으로 칸트에게 있어서는 허공에 떠도는 것에 불과하고 심지어는 도덕성의 실천적 힘을 절멸시킬 수 있는 위험을 내포하고 있다.『실천이성비판』에서도 칸트는 플라톤식의 신비주의를 경계하고 있다. 플라톤식의 신비주의와 신성과의 황홀한 결합은 단지 "거대한 괴물"(『실천이성비판』217)을 만들어낼 뿐이다.

칸트에 따르면 고대의 윤리이론들은 최고선의 두 요소, 즉 도덕성과 행복을 병행적으로 다루지 않고 이 둘을 서로 종속적인 것으로 파악하고 있다. 그 결과 두 상이한 개념은 논쟁으로 치닫지 않고 하나로 결합될 수 있었다. 그럼에도 불구하고 최고선과 관련하여 고대의 윤리이론들은 서로 서로 구별되는 특징을 지니고 있다.

키니커와 플라톤의 윤리이론은 최고선의 근원에 있어 구별된다. 즉 최고선의 근원이 물리적인가 아니면 초물리적인가. 그에 대해 에피쿠로스와 스토아 이론의 차이는 최고선 개념의 통일 속에 놓여있다. 즉 도덕은 단지 행복의 수단인가 아니면 행복은 단지 도덕의 의식인가. 그럼에도 불구하고 에피쿠로스와 스토아의 이론은 최고선의 근원을 '인위적인' 것으로 간주한다. 이 인위적인 근원은 최고선이 오직 인간 자신의 고유한 도덕적 노력과 행동을 통해서만 성취될 수 있다는 것을 의미한다. 이런 생각만이 최고선의 문제를 본래적으로 실천철학에 속하게 만든다. 이런 근거에서 칸트는 『실천이성비판』의 『변증론』에서 고대 윤리이론 가운데 에피쿠로스와 스토아의 입장만을 논의의 대상으로 삼고 있다.

그럼에도 불구하고 에피쿠로스와 스토아의 두 이론은 최고선의 개념을 규정함에 있어 도덕과 행복을 최고선의 두 상이한 요소로 간주하지 않고, 단지 동일성의 규칙에 따른 원리의 통일성만을 추구하고 있다. 그러나 최고선의 두 요소인 도덕과 행복은 서로 간에 동종적인 것이 아니기에 분석적인 방법을 통해서는 결코 설명될 수 없다. 따라서 에피쿠로스와 제논은 도덕과 행복 개념의 전적인 이질성 사이에서 동일성을 추구하려는 커다란 오류를 범하고 있다. 칸트가 보기에 두 철학자는 도덕 개념과 행복 개념 간의 본질적인 차이를 논쟁거리로 만들었고, 그 결과 외양적으로 에피쿠로스는 두 개념의 통일을 인위적인 방식으로 단순히 행복 속에서 완성했고, 반대로 제논은 도덕 속에서 두 개념의 통일을 이루어내고 있다.

칸트는 에피쿠로스와 스토아 윤리이론의 차이를 도덕성의 객관적 원리와 행위 수행의 주관적 근거와의 관계 속에서 찾고 있다. 칸트에 따르면 에피쿠로스의 주장은, 감각적이며 경험적으로 추구될 수 있는 동기들은 도덕적 행위를 수행하는 주관적 조건들인데, 이 주관적 조건들이 동시에 도덕적 평가의 객관적 원리를 제시한다는 것이다.

"에피쿠로스는 우리의 행위를 자극하는 수행의 주관적 근거를 결정의 객관적 근거 앞에 두었다. 그는 도덕적 수행의 원리를 도덕적 평가의 원리로 만들었다."(XIX 112)

에피쿠로스는 감각적인 동기를 모든 도덕적 행위의 설명 근거로 간주한다. 따라서 감각적 동기에서 비롯된 행복이 에피쿠로스식의 도덕적 평가의 원리인 것이다.

그에 반해 제논은 행복에 대한 추구가 자연적이며 감각적이라는 사실을 고려하지 않은 채, 도덕적 평가의 객관적 원리를 동시에 도덕적 수행의 주관적 근거로 간주한다.

> "에피쿠로스에게는 도덕성의 특별한 법칙들이 필요 없었고, 제논에게는 체세의 법칙들은 쓸모없는 것이었다."(XIX 109)

칸트는 에피쿠로스와 제논 모두 어느 한 측면에서는 올바르다고 진단한다. 에피쿠로스의 이상은 인간의 자연적 경향성에 전적으로 합당하다.

> "에피쿠로스의 이상은 도덕적 교설에서는 참이나 도덕의 순수한 규칙과 도덕적 원리들의 이론에서는 그릇된 것이다. 에피쿠로스의 이상은 가장 잘 인간의 의지에 일치한다."(XIX 107)

스토아의 이상은 순수 도덕에 있어서는 가장 참된 이상이나, 인간의 본성에는 합당하지 못하다. 스토아의 이상은 '그렇게 처신해야 한다'라는 입장에서는 올바르나, '언젠가 그렇게 처신한다'라는 입장에서는 그른 이상이다. 따라서 스토아의 이상은 순수 도덕에 있어서는 올바르나 인간 태도의 현실적인 규정에 있어서는 올바르지 못하다.

제논은 인간의 육체적이고 정신적인 즐거움의 지속적인 상태를 의미하는 행복의 가치를 무시한다. 그는 오로지 인간이 도덕적으로만 행위 할 때 나타나는 인격의 가치 속에서 참된 선을 보았다. 그에 대해 에피쿠로스는 인격의 내면적인 가치를 인정하지 않고 상태의 가치만을 받아들인다. 그와 함께 에피쿠로스의 윤리이론은 인간의 자연적 본성으로 들어갔고, 스토아의 윤리이론은 인간의 본성을 넘어 나아갔다.

"에피쿠로스는 도덕에 동기를 부여하려 했고 도덕에서 내면적인 가치를 빼앗았고, 제논은 도덕에 내면적인 가치를 부여하려 했고 도덕에서 동기를 빼앗았다."(XIX 176)

칸트는 에피쿠로스와 스토아 윤리이론의 이와 같은 관계를 고려하여 최고선 이론에 대해 논구한다. "지혜는 체세에 의해 지지된 도덕성이다."(XIX 112) 따라서 지혜론인 최고선 이론은 체세술인 행복론에 의해 지지된 덕론을 의미한다. 여기서 칸트는 도덕적 원리의 스토아적인 정립을 에피쿠로스적인 수행 원리보다 더 우위에 두고 있다. 그러나 그는 도덕 원칙들의 수행과 관련하여 스토아의 윤리이론에 대해서도 비판을 가하고 있다. 스토아 윤리이론은 인간의 본성과 이런 본성의 감각적 동기에의 적용을 인정하지 않기 때문이다. 인간의 본성과 이 본성의 감각적 동기에의 적용을 고려하여 에피쿠로스의 윤리이론은 올바르지만 도덕성에 대한 잘못된 원리를 세우고 있다. 여기서 칸트는 에피쿠로스의 윤리이론은 그 어떤 하나의 실천적 규정이 아니라 단지 인간의 결단을 설명하는 일종의 견해일 뿐이라고 간주한다. 에피쿠로스는 행위를 위해서가 아니라 설명을 위해서 자신의 이론의 원리들이 필요했다.

바로 이러한 고대 윤리이론들을 비교하고 비판하는 가운데 칸트는 자신의 비판전기 윤리학의 원칙들을 드러내 보이고 있다. 칸트는 우선적으로 플라톤의 이념론과 스토아의 도덕적 관계 원리를 자신의 윤리 전형으로 간주한다. 그러나 칸트의 도덕철학 내에서는 스토아의 윤리이론이 플라톤의 이념보다 더 우위를 차지하고 있다. 그에 대한 근거로 칸트는 스토아의 윤리이론이 비록 에피쿠로스가 몰두했던 도덕적 수행의 주관적인 원리인 동기에 관여하지는 않았지만 도덕성을 신성에서 분리시켰고 그 결과 플라톤적인 신비주의에서 벗어날 수 있었다고 생각한다.

칸트는 기독교 윤리이론의 본질을 고대 윤리이론에 대한 비판과 고대 윤리이론과 기독교 윤리이론 사이의 차이를 통해 규정하고 있다. 한 예로 스토아의 윤리이론에 따르면 지혜의 이상인 최고선은 인간의 도덕적 노력을 통해 성취될 수 있다. 스토아의 윤리이론에는 인간의 유한한 본성의 한계를 넘어서는 인간의 도덕적 완전성이 전제되어 있다. 이런 입장에 따르면 "우리는 도덕적 거만함으로 우리의 행위를 유리하게 해석하든가 또는 도덕법칙을 매우 관대하게 만들어야만 한다."(XIX 187) 그에 대해 기독교 윤리이론은 인간 본성의 '허약함'을 전제한다. 기독교 윤리이론에 따르면 인간은 오직 성스러운 법칙들의 조건을 통해서만 최고선에 참여하기를 기대할 수 있다. 기독교 윤리이론은 도덕성의 순수 원리를 세웠고, 이는 동시에 인간의 유한한 본성에도 적합하다. 기독교 윤리이론은 인간에 대한 도덕성의 원리와 인간의 본성이 항상 추구하는 행복의 원리를 구별한다. 이와 함께 최고선은 도덕성의 원리와는 이질적인 것으로 드러난다.

그러나 칸트는 기독교 윤리이론은 결정하는 근본적인 원리와 동시에 행위의 엄밀한 척도로 만들었던 도덕적 순수함의 이념은 신적Theonom인 것이 아니라 자율적Autonom인, 즉 순수이성에 의해 정초된 것으로 간주한다. 여기서 칸트는 결코 도덕성 원리의 신적인 정초를 염두에 두지 않는다. 그는 단지 종교적 이념 없이 인간 자신의 힘만으로 최고선을 획득할 수 있다는 생각을 비판하고 있다. 게다가 칸트는 자주 도덕성을 종교에 종속시키는 일을 경고하고 있다. 한 예로 칸트는 신학적 도덕과 도덕적 신학, 즉 도덕적 신증명론을 구별하고 있다. 이 도덕적 신증명론에서 칸트는 도덕성의 순수함을 관찰했다.

"신학적 도덕은 최고 세계통치자의 현존을 전제하는 도덕법칙을 지닌다. 그에 대해 도덕적 신증명론은 도덕법칙에서 정초된 최고 존재의 현존에 대한 확신이다."(『순수이성비판』 B 660 주)

# 제2장

# 칸트 철학과 최고선

## 제1절  칸트 비판철학 내에서 최고선의 의미

칸트 비판철학과의 연관 속에서 우선적으로 물어야 할 문제가 있다. 즉 칸트 철학 내에서 최고선은 어떠한 의미를 지니는가? 이러한 최고선의 개념이 무의미하게 다루어질 경우, 이 개념은 단지 하나의 허구만을 만들어낼 것이며, 그와 더불어 최고선의 이상은 단지 사유의 대상만을 의미하며 그에 따라 현실세계와는 연관을 전혀 지니지 않기 때문에 우리는 이 개념을 가지고는 단지 하나의 유령만을 만들어 내는 것이다. 그러나 우리는 우리 자신에게 물을 수 있다. 우리 자신에 대한 물음과 세계의 근원과 목표에 대한 우리의 물음이 오로지 사유 속에서만 확실하게 대답될 수 있으나, 그러나 동시에 현실적으로는 아직 해결되지 못한 채 영원한 문제로 남아있는 경우에, 인간으로서 우리 자신은 어떻게 이해될 것인가?

인간은 인간 이성의 본래적인 문제, 즉 절대성 내지는 완전성이 문제시되는 형이상학 속에서 자기 자신을 체계적으로 표현하고 서술하고자 노력해왔다. 이러한 형이상학에서는 그것이 순수이성의 사변적 사용이든 또는 실천적 사용이든 간에, '주어진 제약자에 대한 조건들의 절대적 전체성'에 대한 이성요구를 생각하지 않을 수 없다. 그러나 무제약자 또는 완전성에 대한 추구는 인간 이성의 호기심에서 발생하는 것이 아니라, 인간 이성을 이해하려는 깊은 욕구와 이러한 인간 이성이 살고 있는 세계를 이해하려는 열망 속에서 나타나는 것이다.

> "이성은 그의 본성에 따르자면 경험적 사용을 넘어서서 그의 순수한 사용과 단순한 이념들을 매개로 모든 인식의 가장 외적인 한계에까지 나가고 결국엔 그의 영역의 완성, 즉 그 자체로 존립하는 체계적 전체 속에서 평온함을 발견하고자 한다."(『순수이성비판』 B 825)

따라서 인간 이성은 무제약자를 파악하기 전에는 결코 평온할 수 없는 것이다. 그러나 이러한 무제약자는 단순히 감각세계 속에서 마주칠 수 없고, 초감각적인 것에서만 구할 수 있는 것이다. 따라서 인간의 이성에는 이성을 통해서 감각적인 인식에서 초감각적인 인식에로의 이행을 수행하는 형이상학이 필연적이지 않을 수 없다. 이러한 형이상학에서 최고선의 개념은 하나의 필연적인 이성요구이지 않을 수 없는데, 칸트에 따르면 이 개념은 순수실천이성 대상의 무제약적인 전체성에 관계하기 때문이다.

따라서 최고선의 개념은 바로 칸트 비판철학 내에서 하나의 커다란 의미를 지닌다. 왜냐하면 인간 이성에 대한 탐구들은 감각세계를 넘어서는 최후의 인식들 속에 놓여있고, 또한 이러한 인식은 그 중요성에 비추어 보거나 그 인식의 궁극의도를 고려해서도, 지성이 현상들의 영역에서 가르칠 수 있는 그 모든 것보다도 월등하고 또한 숭고하기까지 하다고 칸트 자신은 말하고 있기 때문이다.

"순수이성의 본성에 대한 탐구가 매우 깊숙하게 감추어져 있을 수 있다 하여도, 게으르지 않고 꾸준하게 이 탐구를 완성시키고자 하는 것은 비판을 통한 나의 영원한 시도이었다."(『도덕 형이상학 정초』 364 주석)

결국 형이상학 일반을 고려해서 칸트의 비판철학이 이해될 수 있는바, 칸트의 모든 비판적 저술은 형이상학을 학문의 더 확실한 길로 이끌려는 의도에 따라 요구된 것이다. 칸트의 본래적인 말에 따르자면, 그의 비판철학은 본래적 형이상학의 '예비학'으로 형이상학에 속한다. 이러한 병렬 관계는 체계의 자의적인 건축술 속에서 성립된 것이 아니라, 사태의 본질에서 주어진 것이다. 따라서 칸트 자신도 말하는바, 경험을 넘어서는 그러한 학문의 연구는 그 어떤 의심스런 근거에서, 또는 사소함과 무가치함의 근거에서 포기되는 것보다는, 비록 잘못될 위험에 빠질 수 있다 하여도 감행되지 않을 수 없다.

게다가 칸트에 따르면 철학은 지혜론Lehre der Weisheit이다. 고대의 철학자들이 이해했던 의미에 따라, 철학은 무제약적인 전체성의 이념을 실천적으로 충분하게 규정하는 지혜론이라고 보고 있다. 그러나 이러한 지혜론은 또한 학문이고자 하는 이성의 노력을 통한 최고선에 관한 이론이기도하다. 최고선 이론과 연관하여 철학의 본질과 과제에 관한 칸트의 규정이 『순수이성비판』에서도 드러난다. "철학은 모든 인식이 인간 이성의 본질적인 목적에 연관된 학문이다."(『순수이성비판』 B 867) 이러한 본질적인 목적은 인간의 모든 규정으로서 궁극목적에 연관된다. 그러나 인간의 모든 규정으로서 궁극목적에 관한 철학은 칸트에 따르면 도덕철학이지 않을 수 없다. 그와 더불어 칸트는 고대 철학자들을 항상 그리고 우월한 위치에서 도덕가들이라고 부르고 있다.

## 제2절 칸트의 최고선 이론에 관한 연구 동향

앞에서 이미 최고선의 개념은 칸트 윤리학뿐만 아니라, 그의 형이상학과도 밀접하게 연관되어 있다는 것이 제시되었다. 그러나 최고선의 개념 속에는 윤리학과 형이상학 사이의 관계 문제도 설정되어 있다. 칸트의 비판철학 시기 이전의 최고선 이론 속에서 칸트 윤리학은 최고선의 개념 없이는 전혀 불가능해 보인다. 그 이유는 무엇보다도 칸트는 최고선의 이론을 아리스토텔레스가 그의 철학 속에서 최고선에 대한 물음을 윤리학의 출발 물음으로 설정했던 것으로 이해했고, 그와 더불어 윤리학의 대답을 최고선 문제의 해결을 위한 과제와 완전히 일치하는 것으로 이해했기 때문이다. 그와 일치하여 지혜론으로서 최고선 이론은 고대인들이 그 말을 이해했던 의미에 따라 바로 철학 그 자체인 것이다.

그러나 비판 시기와 함께 칸트의 윤리학은 독자적인 위치를 지니기 시작한다. 그에 따라 최고선 이론은 더 이상 윤리학의 정립을 위한 원리론에 속하지 않게 되었다. 그 결과 칸트의 실천철학은 최고선 이론의 도움 없이도 본래적인 체계를 완성할 수 있어 보인다. 칸트 윤리학을 단순히 형식적인 것으로, 다시 말해 많은 이론가들이 주장하듯이 형식 윤리학으로 간주한다면, 이 형식 윤리학에서 최고선 이론은 어떠한 위치도 점할 수 없다. 그러나 후기의 최고선 이론과 관련하여 볼 때 상황은 달라진다.

칸트의 최고선 이론은 독일 관념론자들에 의해서 광범위하게 받아들여졌고 또한 비판되었다. 그러나 점차적으로 그 의미가 퇴색되어갔고, 특히 신칸트주의자들에 의해 전적으로 비판되고 거부되었다.[2] 그러나 이와 같은 최고선 이론의 상황은 20세기 중반에 실버

---

2 칸트의 최고선 이론과 관련하여 독일관념론과 신칸트주의의 입장을 뒤징(Düsing)은 자신의 논문 'Das Problem des höchsten Gutes in Kants praktischer Philosophie. In: Kant-Studien 62(1971)'에서 다음과 같이 서술하고 있다: "초기의 셸링은 칸트의 최고선 이론을 비판하고 있으나, 이 이론은 공개적으로 튀빙거 시대의 '정교'(Orthodoxie)에서 변형되고 곡해되어 인용되고 있었다. '비판주의의 정신'(Geiste des Kritizismus)에 와서 비로소 셸링은 자신의 고유한 윤리학을 정립했다. 청년 헤겔은 비판적으로 정초된 칸트의 형이상학을 적극적으로 수용했고, 이미 칸트로부터 멀리 떨어져 있기 시작했을 때에도 원리적인 측면에서는 아직도 칸트의 실천적 형이상학에 정향되어 있었다. 그 후 헤겔은 '정신 현상학'의 한 장: '자기 자신을 확신하는 정신. 도덕성'에서 칸트의 최고선 이론과 요청이론에 대해 철저한 비판을 수행한다. 이러한 입장은 동시에 자기 자신의 초기 입장에 대한 비판으로도 간주된다. 슐라이어마허도 칸트를 넘어서서 새로운 독자적인 최고선 이론을 정립한다. 그의 최고선 이론은 윤리학의 초고를 위해 중심적이며 체계적인 의미를 지니고 있었다. (…) 19세기 후반의 칸트 철학의 재발견 시기에도 칸트의 최고선 이론은 대단한 비판을 받았다. 코헨은 칸트에 대해 가장 영향력 있는

Silber[3]에 의한 칸트 최고선 이론의 연구와 이와 관련된 대결을 통해 변하기 시작했다. 그 이후 칸트의 최고선 이론은 오늘날까지도 많은 논란과 토론의 대상이 되고 있다. 칸트의 최고선 이론에 대한 지금까지의 연구 상황을 충분히 이해하기 위해 최근의 몇몇 대표적인 주장들을 제시하고 비판해보는 것은 의미 있어 보인다.

오늘날까지도 칸트의 최고선 이론에 영향을 주고 있는 신칸트주의자인 코헨Cohen의 주장에 따르면, 최고선의 개념은 윤리학적인 관심을 나약하게 만들뿐이다. 최고선의 개념을 통해 우리는 윤리적 관심에 어떠한 실재성이나 타당성도 줄 수 없다는 논지를 펼친다. 그에 따라 칸트 윤리학의 귀결로 이해된 최고선에 대한 모든 생각이 거부될 때에만 칸트의 기본적인 생각이 확고하게 유지될 수 있고 주장될 수 있다.[4] 이러한 견해는 주로 영어권의 이론가에게 큰 영향을 주었고, 특히 베크Beck를 그 대표적인 예로 들 수 있다.

베크는 칸트의 『실천이성비판』을 해석하는 자신의 저술에서 칸트의 최고선 개념을 근본적으로 비판한다.[5]

---

이의를 제기했고, 이 이의는 독일 관념론자들의 이의와는 엄격히 구별되는 것이었고 오늘날까지도 전체적으로 또는 부분적으로 반복되고 있다." (S. 6)

3  Silber, J. R.; Kant's Conception of the Highest Good as Immanent and Transcendent. In: Philosophical Review 68(1959) Page 469-492; (deutsch) Immanenz und Transzendenz des Höchsten Gutes bei Kant. In: Zeitschrift für philosophische Forschung 18(1964). S. 386-407 그리고 The Metaphysical Impotance of Highest Good as the Canon of Pure Reason in Kant's Philosophy. In: University of Texas Studies in Literature and Language 1(1959) Page 234-244; (deutsch) Die Metaphysische Bedeutung des höchsten Gutes als Kanon der reinen Vernunft in Kants Philosophie. In: Zeitschrift für philosophische Forschung 23(1969), S. 538-549.

4  Cohen, Hermann; Kants Begründung der Ethik. Berlin 1910. (Insbesondere S. 351ff.)

5  Beck, L. W.; Kants "Kritik der praktischen Vernunft", ein Kommentar. Ins deutsch übers. von K. H. Ilting, 3. Aufl. München 1995 (Insbesondere S. 225-228).

1) 비록 칸트가 '도덕법칙은 최고선의 촉진을 명령한다'라고 말하고 있지만, 최고선의 촉진을 위한 명령은 그 어떠한 정언 명령의 정식에도 발견되지 않는다. 또한 이러한 촉진의 명령이 가능한 것으로 전제될 경우에도, 이것은 단지 정언 명령의 귀결일 뿐이며, 이에 따라 최고선을 촉진하라는 명령은 도덕성의 개념만을 포함하고 있지 결코 행복의 개념을 내포하고 있지는 않다.

2) 최고선이 불가능할 경우 도덕법칙은 단적으로 없는 것이며 공허할 뿐이라는 주장은 도덕법칙의 타율성만을 야기시키게 된다.

3) 최고선의 이념이 인간적인 의무의 실현을 위한 필연적인 원동력이라면, 도덕법칙의 자율성은 사라지게 되고 게다가 최고선의 타당성은 오로지 인간 이성에만 한정되게 된다.

4) 결국 최고선은 결코 실천적인 개념이 아니며, 최고선의 가능성은 도덕성을 위해 직접적으로 필연적이지 않다.

결국 베크의 주장에 따르면, 최고선의 가능성을 도덕성의 필연적인 조건으로 간주하는 것은 기만적인 행위일 뿐이다. 그러나 베크는 비록 최고선이 칸트의 윤리적인 물음에 있어서는 그 의미를 상실하나, 이성의 체계를 위해선 중요한 역할, 즉 이성의 두 분야의 법칙 부여를 하나의 이념 속에서 결합하려고 시도하려는 임무를 수행한다고 평가한다. 그는 최고선 이념에 모든 목적들을 하나의 통일적인 목표로 설정하려는 이성의 노력 속에 정초된 사태적으로 정당화된 기능을 부여한다. 이와 같은 궁극목적을 받아들이는 자는 최고선을 가능한 것으로 간주하지 않을 수 없다. 그러나 그러한 이성 노력은 베크에 따르면 실천적 이성 사용이 아니라, 이론적이며 사변적인 이성 사용에 따르는 것이다. 즉 최고선은 '도덕 형이상학'과는 완전히 다른 '실천적-독단적 형이상학'에 속하는 주제인 것이다. 그러나 베크는 최고선의 역할을 도덕 형이상학과의 연관 속에서 부정적으로만 다루었지, 이성의 체계적 노력과의 관련 속에서는 더 이상 자세하게 논구하고 있지 않다.

칸트의 최고선 개념에 대한 베크의 비판은 다시 젤딘Zeldin에 의해 비판된다.[6] 칸트의 입장을 충실하게 견지하면서 젤딘은 베크의 이의를 다소 변형시키고 있으며, 그 결과 칸트의 표현들이 베크의 일반적인 견해들과 일치함을 보이고자 한다.

첫째, 젤딘은 우선적으로 『도덕형이상학 정초』에서 다루어지는 정언 명령의 '세 번째' 정식을 논구의 대상으로 삼는다. 『도덕형이상학 정초』에서 세 번째 정식은 "보편적으로 법칙 부여하는 의지로서 모든 이성적 본질의 의지의 이념"으로 표현된다. 이 정식은 "보편적인 객관적 법칙들을 통한 이성적 본질의 체계적 결합"(『도덕형이상학 정초』 433), 즉 목적의 왕국에 대한 결합에 관련된다. 결국 이 정식에는 "고유한 법칙 부여에서 비롯된 모든 준칙은 가능한 목적의 왕국에 일치한다."(『도덕형이상학 정초』 436)라는 주장이 함축되어 있다. 젤딘에 따르면 바로 이 정언명령의 정식이 최고선을 촉진하라는 명령과 도덕적 세계의 이념인 목적의 왕국을 포함하고 있다. 그에 따라 젤딘은 최고선 개념은, 비록 이 개념이 도덕성에서 비롯되고 있기는 하지만,

---

6  Zeldin, M. B.; The summum bonum, the Moral Law and the Existence of God. Kant-Studien 62(1971). S. 43-54

도덕성의 개념보다 더 많은 것을 포함하고 있다고 강조한다. 즉 최고선은 순수실천이성을 통해 규정된 순수 도덕적 의지의 대상으로 드러나고, "도식화된 범주"[7]로 이해된다.

둘째, 젤딘에 따르면 도덕법칙의 타율성은 '행복' 개념을 새로이 규정함으로써 극복될질 수 있다고 본다. 여기서 젤딘은 주로『실천이성비판』에 따른 행복 개념의 정의를 내세우고 있다. 즉『실천이성비판』에 따른 행복은 "현실에 사는 이성적 존재자가 자기의 존재 전체에 있어서 모든 것을 자신의 기대와 의지대로 할 수 있는 상태"(『순수이성비판』224)로 정의된다. 여기서 행복은 직접적으로 정언 명령의 세 번째 정식에 관련되어 있다.

셋째, 최고선과 최고선의 가능성을 위한 필연적인 조건인 신의 현존은 인간의 이성에 대해서 타당할 뿐만 아니라, 이 유한한 이성적 존재가 기대와 의지를 지니고 있는 한, 모든 이성적 존재에 대해서도 타당하다.

넷째, 최고선은 결코 순수이성의 단순한 변증적 이상이 아니라, 실천적 개념이다. 즉 최고선의 실현 가능성에 대한 믿음이 도덕법칙의 수용을 위한 필연적인 귀결인 한에서 최고선의 이념은 실천적인 귀결점을 지닌다. 최고선은 순수실천이성의 도덕적 법칙의 완전한 대상이며, 동시에 예지적 도덕적 세계로서 순수이성의 이론적 이상이

---

7 Zeldin, M. B. S. 50. 이러한 용어를 통해 젤딘은 최고선 개념은 이성의 이념을 (어떠한 유추에 따라) 직관에 그리고 이를 통해 감정에 가깝게 연결시키려 한다는 것을 보이고자한다. 그러나 이러한 시도는 도덕법칙에 대한 존경과 관련된 것으로, 칸트의 후기 최고선 이론이 윤리적인 물음 내에서 왜 법칙에 대한 존경이론으로 다루어지는가에 대한 실마리를 부여한다.

기도하다. 이성의 두 법칙 부여는 실천적—독단적 형이상학에서 결합되지 않고, 도덕 형이상학에 완전히 부합하는 도덕적 형이상학적 이상에서 합치된다.

브르거Brugger는 자신의 논문 『칸트와 최고선』[8]에서 칸트의 최고선을 윤리적인 관점에서만 다루고 있다. 여기서 최고선 개념은 행복 개념의 변형, 즉 도덕성에 부합하는 행복을 통해 논구되고 있다. 이 논의에서 브르거는 행복은 도덕성과 필연적으로 관련되어 있으며, 더 나아가 행복은 필연적으로 도덕성에 제약되어 있다는 결론을 도출한다. 이러한 입장은 비판 이전의 행복 개념에서 그 근원을 찾아볼 수 있다. 포르쉬너Forschner는 『인간의 행복에 관하여』[9]라는 저술에서 6, 70년대의 『반성들』에 드러난 칸트의 행복 개념을 논구한다. 이 시기의 행복 개념은 주로 지적인 행복 내지 자기 만족으로 이해된다. 이미 뒤징Düsing도 동일한 시기의 반성들에 대한 논구를 통해 이와 같은 견해를 지지한다.[10] 칸트의 이러한 초안은 최고선에 대한 초기의 이론으로 전개되었고, 『순수이성비판』의 시기에까지 이어져 오고 있다. 또한 포르쉬너는 『반성들』에 따른 최고선 이론을 행복과 도덕성의 결합 아래에서도 논구한다. 그에 따르면 칸트는 고대인의 최고선 이론을 올바르게 이해하고 비판했으며, 기독교의 최고선 이론이 칸

---

**8** Brugger, W.; Kant und das höchste Gut. In: Zeitschrift für philosophische Forschung, Band XVIII(1964), S. 50-61

**9** Forschner, M.; Über das Glück des Menschen. Darmstadt 1993

**10** Düsing, K.; Das Problem des höchsten Gutes in Kants praktischer Philosophie. Insbesondere S. 15-27

트적인 최고선 이론의 전형이 되었다. 그에 따라 그는 『반성들』 시기의 최고선 이론을 "기독교화된 플라톤주의"[11]라고 부르고 있다.

칸트는 인간 현존의 가치를 도덕성의 순수함 속에서가 아니라, 도덕과 행복 사이의 불일치를 드러내고 이 양자의 조화를 가능하게 하는 것에서 찾고 있다. 그러나 이러한 입장의 수용은 도덕성의 전망에서만 가능한 것이며, 결국 행복이 아니라, 도덕성이 행복과 도덕 사이의 조화를 요구하고 가능하게 한다. 이러한 칸트의 입장을 받아들인 김봉규[12]는 행복을 도덕적 행위의 동기 근원으로 간주하고 행복 개념을 세 유형으로 구분한다. 즉 행복한 고귀함, 예지적 행복 또는 자기만족, 저편의 행복. 행복에 대한 이러한 입장은 전적으로 칸트 초기의 최고선 이론에 일치한다. 반면에 윤리적인 물음 내에서 칸트의 후기 최고선 이론은 도덕적 행위를 위한 동기 근원을 존경의 감정으로 대치한다. 칸트의 후기 최고선 이론에 일치하는 존경의 감정에 대한 원리를 김봉규는 같은 논문에서 상세히 논구하고 있다.

칸트의 초기 최고선 이론에는 주로 예지적 행복 내지 자기만족이 지배적인 의미를 지니고 있다라는 입장을 많은 이론가들이 주장하는 반면, 알브레시트Albrecht는 이러한 초고에 대해 이의를 제기한다.[13] 이와 관련해서 그는 무엇보다도 뒤징의 논제인 '칸트는 7, 80년대의

---

11  Forschner, M.; Über das Glück des Menschen. S. 147

12  Kim, B-G.; Glückseligkeit. Untersuchungen zu Kants ethischen Schriften. Diss. 1995. Insbesondere S. 145-207

13  Albrecht, M.; Glückseligkeit aus Freiheit und empirische Glückseligkeit. In: Akten des 4. Internationalen Kant-Kongresses Mainz 1974 Teil II 2 S. 563-567

『반성들』에서 예지적 행복 개념을 대변하고 있다'라는 주장을 논쟁의 대상으로 삼고 있다. 칸트는 같은 시기의 『반성들』의 모든 전거에서 결코 완전하고 통일적이며 어떠한 변화도 허용치 않는 확고한 초고를 마련하지 않았다는 것이 알브레시트의 주장이다. 게다가 그는 같은 시기의 몇몇 『반성들』을 도외시한다면 행복의 경험적 이해는 같은 시기의 『반성들』에서 더 잘 전거되어진다고 강조하며, 그 결과 행복이 경험적으로 종속적인 것은 아닐지라도, 행복은 항상 경험적 행복이어야한다고 주장한다. 행복은 필연적으로 질료적 조건에 관여한다고 보기 때문이다.

그러나 알브레시트는 최고선의 개념을 실천이성의 이율배반과의 관련 아래에서도 논구하고 있다.[14] 여기선 최고선의 윤리적 물음이 문제시되는 것이 아니라, 순수이성의 이론적 사용과 실천적 사용의 결합 내지 통일 그리고 최고선의 가능성의 근원으로서 순수이성의 요청이 다루어진다. 칸트의 주저들을 해석하는 가운데 데레카트 Delekat[15]도 『실천이성비판』의 '변증론'의 과제를 두 상이한 과제에서 파악하고 있다. 즉 순수실천이성의 대상으로서 최고선 이론과 요청론. 그럼에도 불구하고 그는 최고선 이론과 요청론 사이의 필연적인 관계를 파악하고 있다. 최고선 개념이 부담으로 안고 있는 실천이성의 이율배반에서 요청의 필연성이 도출된다고 보고 있기 때문이다.

---

**14** Albrecht, M.; Kants Antinomie der praktischen Vernunft, Hildeaheim 1978.

**15** Delekat, F.; Immanuel Kant. Historisch-kritische Interpretation der Hauptschriften. Heidelberg 1963. (Insbesondere S. 302)

비슷한 시각에서 분트Wundt[16]도 요청론과 최고선 이론 사이의 필연성을 언급하고 있다.

클렘링Krämling[17]은 칸트 최고선 개념을 칸트의 이성체계와의 연관 속에서 다루고 있다. 그러나 칸트의 최고선 이론에 대한 그의 논구는 칸트의 자연적(물리적) 신증명론Physikotheologie의 한계 내에서만 타당하다. 칸트 자신도 이러한 입장을 비판하고 있는데, 자연적 신증명론 내에서 보자면 최고선 이론은 단지 자연과 문화에만 한정될 뿐이기 때문이다. 클렘링은 칸트의 문화 철학을 최고선 이론의 최후의 형태로 간주하고 있다. 그러나 최고선 이론의 완전한 형성을 위해서는 도덕성이 또한 필요하다. 그는 칸트의 이성체계와의 관련 속에서 이러한 점을 고려하지 않았다.

실버Silber는 칸트의 비판적 윤리학의 내재적인 구축에서 최고선의 역할뿐만 아니라, 최고선의 형이상학적 의미도 강조한다. 최고선의 형이상학적 의미는 철학적 체계의 완성을 위해 중요한 역할을 한다는 것이 실버의 기본입장이다.[18] 즉 실버에 따르면 칸트의 최고선 이론은 그의 비판적 윤리학에서 본질적인 요소들을 포함하고 있을 뿐 아니라, 칸트 철학 체계의 완성에 대한 노력의 정점을 이루고 있다. 뒤징도 칸트의 최고선 이론을 두 측면에서, 그러나 비판 전후의 시

---

**16** Wundt, M.; Kant als Metaphysiker, Stuttgart 1924. (Insbesondere S. 335f.)

**17** Krämling, G.; Das höchste Gut als mögliche Welt. Kant-Studien 77(1986) S. 273-288.

**18** Silber, J. R.; (deutsch) Immanenz und Transzendenz des höchsten Gutes bei Kant, In: Zeitschrift für philosophische Forschung 18(1964), S. 386-407. Und (deutsch) Die metaphysische Bedeutung des höchsten Gutes als Kanon der reinen Vernunft in Kants Philosophie, In: Zeitschrift für philosophische Forschung 23(1969), S. 538-549

기에 따라 구분하고 있다.[19] 첫째, 뒤징은 주로 『순수이성비판』의 시기에까지 지배하고 있는 초기의 최고선 이론을 윤리학의 실행을 위한 원리론으로 간주하고, 둘째, 『실천이성비판』 이후에 수행된 후기의 최고선 이론은 실천철학의 완성을 위한 필연적인 성분으로 간주된다. 후기의 최고선 이론은 더 이상 칸트 윤리학의 정립을 위한 요소가 아니며, 오히려 최고선 이론을 위해서는 윤리학의 원리들의 설명이 전제된다. 칸트의 후기 최고선 이론은 칸트의 성숙된 윤리학의 귀결로 간주된다. 후기의 최고선 이론은 유한한 그리고 목적에 따라 행위하는 의지를 도덕성의 원리에 적용시키는 것에서 비롯된 이론이다. 따라서 후기의 최고선 이론은 유한한 도덕적 의식을 근본적으로 규정하려는 완전한 이론을 의미한다. 이 결과 최고선 개념은 윤리적 문제뿐 아니라 철학적 체계의 물음에 대해서도 중요한 의미를 지니게 된다. 이것은 곧 칸트에 있어서 최고선 개념의 변화, 즉 윤리학 정초에 대한 물음에서 유한한 도덕적 의지 이론의 완전한 전개에로의 이행을 의미한다.

위에서 이미 논의했듯이, 많은 이론가들은 최고선의 개념을 칸트 실천철학의 정초 문제라는 내적인 맥락 속에서만 해석하려고 시도했다. 그러나 이러한 해석 아래에서는 이성비판의 체계적인 구축과 이러한 이성비판이 비판적 윤리학의 내재적 문제들과의 관계 속에서 최고선이 어떠한 역할을 수행하며 수행할 수 있는가 하는 점이 고려

---

19 Düsing, K.; Das Problem des höchsten Gutes in Kants praktischer Philosophie, Kant-Studien 62(1971), S. 5-42

되지 않고 남아있었다. 최고선의 이념을 고려해서 우리는 이 최고선의 역할을 비판적 윤리학의 내재적인 맥락에서 뿐만 아니라, 이성비판의 체계적 형성 과정과 이 이성비판을 비판적 윤리학의 내재적 원리들과의 관계 속에서 고려하지 않을 수 없다. 한 예로 현대의 이론가들인 뒤징이나 실버가 이러한 입장을 대변하고 있다.

　참된 윤리적인 물음들이 이론이성과 실천이성의 관계 규정의 기반에서만 대답될 수 있다면, 실천적인 것의 실현 문제와 이성체계의 정초 문제는 직접적으로 아주 밀접한 관계 속에 놓이게 된다. 따라서 우리가 윤리학의 내재적인 물음과 철학적 체계의 정초 물음을 하나의 통일적인 또는 상호간의 관련 속에서 연구할 경우, 여기서 최고선의 역할이 분명하게 드러날 것이며, 최고선의 개념은 그 본질에 있어서 더 잘 이해될 것이다. 더 자세하게 다루어질 논의에 앞서 미리 결론을 언급하자면, 칸트의 최고선 이론은 윤리학의 정초 문제에 속할 뿐만 아니라 실천철학의 종결 문제에도 속한다.

　그러나 이와 같은 입장을 이해하기 위해선 칸트 비판철학의 발전사적인 고찰이 필요한데, 그 이유는 칸트의 첫 번째 비판인『순수이성비판』에서는 비판철학의 통일적인 전체 계획이 단지 그 계획의 외적인 개관에만 머물러 있던 반면, 이러한 전체 계획의 구체적인 형성은 제 삼 비판서인『판단력비판』에까지 연결되는 발전의 결과이기 때문이다. 이러한 철학적 체계의 형성 과정에 최고선 개념의 전개도 일치하고 있다.

인간 이성 일반의 요구

: 최고선

# 제1장

# 최고선 이념: 최상의 세계 『순수이성비판』

## 제1절  형이상학의 완성

칸트가 바라보는 이성은, 그 이성의 규정에 합당하게, 즉 무제약자를 추구하는 가운데 무엇인가를 요구한다. 그런데 그 무엇인가는 이성이 자기 자신에 대해 만족할 만한 것으로 단순히 다른 의도를 끌어내기 위한다든가 경향들의 관심에서 몰두하는 그런 것은 결코 아니다. 이성의 이러한 영역에서 모든 다른 지식들, 게다가 목적들도 마주치게 되며 '전체인 하나' 또는 '하나의 전체'로 통합되지 않을 수 없게 된다. 이러한 이성체계에서는 학문으로서의 형이상학이 문제시되는데, 이 학문은 완전하게 서술될 수 있는 유일한 학문으로 형이상학을 의미한다.

그러나 형이상학 일반을 고려해서 칸트에게는 신의 능력이나 다른 최고 존재의 능력이 아니라 단지 인간의 순수이성이 문제시된다. 인간에 대한 일반적 표현은 유한성과 현세성 그리고 질료에 함몰됨과 감성에의 의존성 등이다. 형이상학이 우리 인간에 대해 참된 의미를 부여할 수 있으려면, 그 모든 형이상학은 바로 이러한 인간의 한계를 반영해야만 한다. 따라서 우리의 모든 표현과 우리의 모든 태도는 인간의 지평에서 다루어져야 하고, 인간임에 의해 제한되어야만 한다. 그 결과 지식 자체는 인간적으로 제한되어진 지식에서 알려지는 것이다. 칸트의 경우 인간임은 항상 제한성을 의미한다. 따라서 형이상학은 더 이상 곧바로 초감각에 대한 더 깊고 더 포괄적인 인식에로 나아가서는 안 되고, 그 형이상학에 합당한 새로운 형태로 다루어져야만 한다. 다시 말하면, 형이상학은 사변에서가 아니라 실천적 의도에서 인간의 주변을 선회해야만 한다. 칸트의 경우 형이상학은 실천적인 것에서 규정되어 있다. 그러나 이러한 실천의 형이상학을 고려하여 우리는 또다시 묻지 않을 수 없다: 도대체 실천의 형이상학은 무엇을 통해 완성될 수 있는가? 이러한 일이 단지 실천이성의 우위를 통해서 가능한가, 아니면 이론이성과 실천이성의 통일 원리에 의해 가능한가? 한편으로 칸트는 자유의 개념을 체계 완성을 위한 실마리로 이끌어낸다. 즉 자유의 이념만이 본래적으로 이론이성과 실천이성 사이의 간격을 메워줄 수 있다. 자유는 체계의 "종결석Schlussstein"(『실천이성비판』 4)이다. 그러나 다른 한편으로 칸트는 신의 이념을 원리들 중의 원리로 언급하면서, 이 원리들 중의 원리, 즉 신의 이념이 이론이성과 실천이성의 통일을 드러낸다고 말한다. 즉 순수이성의 이상Ideal을 매개로 모든 종합적 통일을 완성하는 이성의 요구가 있다는 것이다. 이론이성과 실천이성 간의 체계적 통일을 고려해서는 특히『판단력비판』에서 자연으로부터 자유로의 '이행'이라는 개념이 주목할 만하다. 그러나 이 이행 개념은 궁극적으로 목적론을 통해서 가능해진다.

칸트의 주장을 따라가보면, 실천이성의 우위를 고려한 체계의 완성은 이론적인 이성사용과 실천적인 이성 사용 간의 통일에서 가능해진다. 이로부터 드러나는 사실은, 우리는 철학적 체계 완성의 시도를 행복과 도덕성의 결합에서 찾을 수 있다는 것이다. 그리고 이 행복과 도덕성의 결합이 최고선이다. 이러한 연관 관계 속에서 칸트는 특히『판단력비판』에서 체계물음을 최고선 이론과의 결합을 통해 충분하게 정립하고 있다.

철학적 체계의 완성을 고려하여 이제 우리는 최고선의 이념을 다각적으로 고려해볼 수 있다. 세 비판서 모두에서 칸트는 최고선이 실현될 수 있는가에 대한 물음을 다루고 있다. 그러나 각 비판서에서 그 물음은 각기 다른 방법으로 다루어지고 있다. 즉, 최고선의 이념은 희망의 대상으로 하나의 가능한 세계일 뿐 아니라, 이성비판의 체계적 완성을 고려하여 최고선의 이념은 인간 일반의 유한한 주관성 아래에서도 고려되고 있다. 이러한 고려 속에서 우리는 도덕성과 목적론의 필연적인 연관을 파악할 수 있게 된다.

## 제2절 최고선과 희망세계

경험적으로 드러나는 현실성을 실천적 이념의 실마리와 척도에 가깝게 일치하도록 정식화하려는 요구는 최고선 이념의 논구를 순수이성의 이론적 사용과 실천적 사용을 결합하려는 시도와의 관련으로 옮기고 선험적 원리들의 조직에서 목적론의 위치에 대한 물음을 이끌어낸다. 그리고 이러한 요구는 『순수이성비판』과 특히 『판단력비판』에서 최고선의 이념을 논구하는 가운데 중심적인 위치를 차지하고 있다. 그에 반해 『실천이성비판』에서 실천적 이념의 이론적인 적용 가능성에 대한 생각은 배경으로 밀려나고, 최고선의 이념은 주로 실천이성의 이율배반의 해소에 관련되고 게다가 요청론을 매개로 하여 논구되고 있다.

『순수이성비판』에서 최고선 이념이 주로 논구되는 관점은 도덕적 주체의 희망에 찬 조망 속에서 전개되고 있다. 이와 같은 희망을 칸트는 『순수이성비판』에서 도덕법칙에 따른 최고이성의 사상과 연결시키고 있다. 그리고 이 최고이성은 동시에 자연의 원인으로도 간주된다.

"나는 예지의 이념을 최고선의 이상으로 부르는데, 이 예지의 이념에서 도덕적으로 완전한 의지는 최고의 은총과 결합되어 있고, 행복이 품위 있는 즐거움을 의미하는 도덕성과 충분한 관련 속에 놓여있는 한, 세계 내의 모든 행복의 원인이 된다."(『순수이성비판』 B 838)

순수 도덕법칙과 완전히 일치하는 세계는 있을 것이다. 이런 세계는 도덕적 세계의 이념이며, 이 세계 속에서 도덕법칙의 모든 주체는 복종하고 도덕적으로 행동한다. 그러나 이 도덕적 세계의 이념은 이성이념이다. 이성이념은 이성을 통해 정형화된 것인데, 이때 이성은, 인간이 자신 속에서 발견한 도덕법칙을 근거하여, 도덕법칙에 따른 세계의 개념을 형성한다. 따라서 이런 이념은 이성의 반성에 따른 산물이다. 그 결과 이성이념은 분석적으로 도덕법칙 자체에서 비롯되지도 않고, 또한 경험적 토대 위에서 구성되지도 않는다. 오로지 이성은 도덕법칙과 총체성에 대한 이성 자신의 고유한 노력의 토대에서 도덕법칙에 따른 세계에 대한 이념을 형성한다.

칸트에 따르면 도덕적 세계의 이념에서 모든 이성적 존재의 행위는 도덕적일 뿐만 아니라 행복하기도 하다. 보편적 도덕성과 보편적 행복은 이 도덕적 세계에서 필연적으로 결합되어 있다. 그러나 이런 결합은 '인과적' 관계를 지닌다. 즉 보편적 도덕성이 보편적 행복을 불러일으킨다. 모든 이성적 존재가 도덕적으로 행동하는 도덕적 세계에서, 이성적 존재는 그 자신이 도덕적 원리들의 지도하에서 자신의 고유한 다른 지속적인 만족들의 창시자가 된다. 따라서 도덕적 세계는 또한 "자기 스스로를 보상하는 도덕성의 체계"(『순수이성비판』 B 837)로도 간주된다.

칸트의 경우 이성적 존재의 도덕적 행동은 항상 자유 자체를 의미한다. 그리고 이 자유가 바로 보편적 행복의 원인이 된다. 결국 도덕적 세계에서 도덕법칙을 통해 움직여지고 또한 제한되기도 하는 자유 자신이 보편적 행복의 원인이다. 이성적 존재는 자신의 도덕적 행

위를 통해 도덕적 세계에서 보편적 행복을 불러일으킨다. 이제 칸트
는 도덕적 세계를 최고선의 이념과 동일시한다. 최고선은 하나의 세
계이며, 이 세계 속에서 모든 이성적 존재는 도덕적으로 행동하고,
보편적 도덕성이 보편적 행복의 원인이 된다. 도덕적 세계인 최고선
에서는 '행복론'이 아니라 '도덕론'만이 남게 되는데, 최고선에서는
어떻게 우리가 행복할 것인가를 다루는 것이 아니라, 어떻게 우리가
행복이 깃든 품위를 지닐 것인가가 전적으로 문제되기 때문이다.

　우리는 결코 도덕적인 세계에 일치하지 않는 하나의 세계에 살고
있다. 이런 감각적인 세계에서 도덕법칙의 의무적인 성격이 아주 강
하게 힘을 발휘하고 있다 하더라도, 도덕성과 행복의 결합은 보증되
지 않는다. 따라서 도덕적 세계와 관련하여 물음이 발생한다. 즉 모
든 이성적 존재가 도덕적으로 행동하고 동시에 행복한 하나의 세계
가 실현될 수 있는지? 또 가능하다면, 어떻게 실현될 수 있는지? 왜
냐하면 도덕성과 행복의 관계는 세계 내의 사물들의 본성에서 규정
되지도 않고, 또한 행위 자체의 인과성이나 도덕성에 대한 행복의 관
계에서 규정되지도 않기 때문이다.

　칸트에 따르면 도덕적 세계인 최고선의 이념은 희망의 대상으로
하나의 가능한 세계로 남아있다. 그러나 도덕성과 행복의 일치는 우
리 인간을 위해 타당하지 않을 수 없다. 따라서 최고선의 이념은 단
순히 이상으로서 도덕적 세계에 머물러서는 안 되고, 우리가 거주하
는 감각세계에 놓여있어야 한다. 결국 우리가 거주하는 세계 내에서
도덕성과 행복의 결합을 고려해서 창시자의 개념, 즉 신의 개념이 등
장한다. 여기서 창시자의 개념은 행복의 원인이며 도덕성의 척도에

따라 행복을 분배하는 자로 언급된다. 도덕성과 행복의 필연적인 결합은 단지 도덕적 법칙에 따라 명령하는 최고의 이성이 동시에 자연의 원인으로 근거지워져 있을 때만 기대될 수 있을 뿐이다.

도덕성과 행복을 결합시키는 근거를 자연의 원인인 신의 현존 속에서 바라본 칸트는 이제 이론이성과 실천이성의 통일을 위한 실마리를 이론적이며 동시에 실천적인 물음인 '나는 무엇을 희망해야 하는가?'라는 물음을 통해 제시한다. 칸트는 『순수이성비판』에서 최고선의 이상 개념을 주로 이론이성의 측면에서 다루는데, 이는 아마도 『순수이성비판』의 현실적인 과제가 이론적 지식의 강조임을 고려한 것으로 보인다.

"세계가 이성 사용, 다시 말하면 이런 이성 사용 없이 우리 자신은 이성에 무가치한 태도를 지니게 되는 그런 이성 사용, 즉 전적으로 최고선의 이념에 기인하는 도덕적 사용에 일치한다면, 세계는 이념에서 비롯된 것으로 표상되어야만 한다. 그에 따라 모든 자연 연구는 목적들의 체계 형식에 대한 방향을 얻게 된다."(『순수이성비판』 B 843/4)

최고선의 이념은 도덕적 의욕의 필연적 대상으로 이성에 기여할 뿐 아니라, 이성의 포괄적인 목적, 즉 이성의 모든 관심을 자신 속에 포함하고 설정하는 목적도 이성에 부여한다. 『순수이성비판』에서 이성은 이론적 의미에서 자연의 합목적성의 이념을 이끈다. 이 자연의 합목적성을 통해 특수한 것들의 경험 질서가 파악된다. 그러나 실천적 의미에서 이성은 도덕적 세계의 이념을 이끈다. 그리고 이 도덕적 세계에서 모든 이성적 존재는 목적 그 자체가 된다. 두 이념, 즉 자연의 합목적성 이념과 도덕적 세계의 이념은 예지적인 현실성 원인의 이념, 즉 신의 이념을 필요로 한다. 신의 이념은 이 두 이념과 더불어 이론적이며 실천적인 이성의 목표점을 제시한다. 이를 통해 실천적 이성은 사변적 이성과 하나가 될 수 있다.

『순수이성비판』의 최고선의 이상으로부터 하나의 이론적인 위치가 성립하는데, 이 이론적인 위치는 최고선 이상의 지도하에 있는 목적론적인 자연 관찰에서 드러난다. 자연의 원인에서 기획된 최고선의 실천적 이념을 이론적 이성 사용, 즉 목적론적인 자연 관찰에 적용하면서 칸트는 우선적으로 『순수이성비판』에서 실천이성과 사변이성의 통일을 시도한다. 칸트의 이런 생각은 곧바로 이성 원리들의 체계적 통일에 대한 이성의 요구로 이어진다. 이 원리들의 체계적 통일에 대한 이성의 요구는 여기 『순수이성비판』에서는 두 이성 방식, 즉 실천이성과 사변이성의 결합의 구상으로 관철되어 있다. 그러나 『순수이성비판』을 통해 이론과 실천을 매개하려는 칸트의 생각은 이제 『판단력비판』에서 목적론적인 자연 파악을 통해 명확하게 드러나고 있다.

# 제2장

# 자유의 이념과 최고선의 이상 『실천이성비판』

## 제1절 선험적 자유 이념과 실천적 자유

칸트의 자유 이론은 도덕법칙과 필연적으로 관련되어 있을 뿐 아니라, 최고선summum bonum과도 연관되어 있다. 칸트의 자유는 실천적일 뿐 아니라 선험적이며, 이를 근거로 체계의 완성을 위한 실마리를 제공할 수 있다. 선험적 자유와 관련하여 칸트는 자주 자유 개념을 언급하고 있다.

"선험적 자유 개념은 현상의 설명 근거로 경험적으로 전제될 수 없는 단지 이성을 위한 문제이다."(『순수이성비판』 B 829/30)

칸트에 따르면 실천철학이 종국적으로 만나는 개념은 신의 이념이나 영혼 불멸의 이념이 아니라 자유의 이념이다. 도덕법칙을 통해 승인된 자유의 적극적인 개념이 체계의 종결을 이룬다. 자유의 이념은 우선적으로 선험적인 의미에서 논의되어야 하고, 그런 다음 실천적으로 논구되어야 한다. 자유의 이와 같은 특성을 고려하여 우리는 물을 수 있다. 칸트는 자유의 이념을 매개로하여 참으로 이성체계의 완성을 성공적으로 수행했는가?

자유 개념의 선험적 의미는 우선적으로 『순수이성비판』에서 이율배반을 해소하려는 장에서 잘 드러나고 있다. 순수 이론적 이성의 이율배반을 해결하는 열쇠는 선험적 관념론에 달려 있다. 칸트가 이해한 선험적 관념론은,

"공간과 시간에서 직관되어진 모든 것, 즉 우리에게 가능한 경험의 모든 대상은 현상 이외의 것이 아니며, 단지 단순한 표상들이다. 그리고 이러한 경험의 대상들이 표상되어지는 한, 그 대상들은 연장적 본질이며 변화의 계열을 지닐 뿐, 결코 우리의 사유 밖에서 독자적으로 정립된 현존을 지니지 못한다."(『순수이성비판』 B 518/9)

선험적 관념론의 기본 원칙은 현상들은 결코 사물 자체일 수 없다는 것이다. 그리고 이것이 자유의 사유 가능성에 대한 필연적인 전제이다. 즉 현상들은 사물 자체가 아니라는 전제가 자유를 가능하게 한다. 왜냐하면 현상들이 사물 자체라고 인정하면, 자유는 결코 성립할 수 없고, 세계 내의 모든 사물은 단지 자연 인과성에만 따를 것이기 때문이다. 그러나 선험적 관념론에서 자유는 단지 선험적인 관련에

만 머무르게 된다. 즉 선험적인 의미에서 자유 개념은 사변적 이성의 완전한 사용을 위해 없어서는 안 될 필수적인 것으로 간주되어야만 하나 동시에 전적으로 파악 불가능한 것으로도 간주되지 않을 수 없다. 사변적 이성의 한계 내에서 자유의 개념은 단지 문제적인 것, 즉 사유하기에 불가능한 것이 아닌 것으로 성립할 뿐이다. 『순수이성비판』에서 이율배반을 해결한 결과 나온 결론은, 자유의 현실성이나 가능성은 증명될 수 없고, 단지 자연의 인과성과 자유의 인과성은 서로 모순되지 않는다는 사실만을 드러냈다.

선험성과 관련하여 자유는, 자유는 감각적으로 주어진 것을 넘어서며 그 때문에 가능한 경험 인식의 대상이 아니기 때문에 비록 자유의 현실성이 결코 증명될 수는 없다 하더라도, 이념으로 필연적으로 생각되어야만 한다. 칸트는 이념을 순수이성의 필연적인 개념으로 이해한다. 이 순수이성 개념은 절대자에게로 나아가고, 감각적 경험의 어떤 대상과도 관계하지 않고, 단지 경험세계의 선험적·논리적 근거로 지성에 관계한다. 비록 칸트가 "자유를 통해 가능한 모든 것은 실천적인 것이다."(『순수이성비판』 B 828)라고 말하고 있기는 하더라도, 선험성과 관련한 자유, 즉 선험적 자유는 이론이성에 의해 정당하게 사유될 수 있는 개념이나, 실천철학의 영역에서는 주제화될 수 없는 개념이다.

자유의 이념과 관련하여 사변적 이성 사용의 비판으로부터 나온 결과는 우리의 고유한 주체를 포함한 모든 경험의 대상들은 현상들이며, 그리고 이 현상들에는 사물 자체가 근거로 놓여있다는 것이다. 또한 모든 초감각적인 것은 허구가 아니며, 이 초감각적인 개념이 내용에 있어 공허한 것으로 간주되어서도 안 된다는 사실이다. 단순한 사유 가능성을 결론으로 도출한 사변이성의 비판을 근거로 하여 이제 실천이성은 자유에 실재성을 부여하게 된다. 『실천이성비판』에 따른 자유의 이념에서는 더 이상 가능성이 문제가 되지 않는다. 즉 자유 개념은 '가능'에서 '존재' 또는 '있음'으로 변화된 모습으로 실천철학의 전면에 등장한다. 실천의 측면에서 자유는 이제 '객관적 실재성'을 지니게 된다. 물론 실천적 자유는 실천이성의 필연적인 법칙, 즉 '이성의 사실인 도덕법칙의 의식'을 통해 확보되기 때문에 실천적 개념으로 실천적 사용에 제한된 객관적 실재성을 지닌다.

신과 자유 그리고 영혼불멸은 순수이성 개념으로 선험적 이념이며, 이 이념들은 순수이성의 사변적 사용에 있어서는 단지 '문제인 것으로problematisch' 표상될 수 있었다. 그러나 칸트는 이제 순수이성의 실천적 사용에서 순수이성의 실재성을 통찰하기 위해 노력한다. 즉 그는 『순수이성비판』에서 사변이성이 그 가능성을 충분히 보증하지 못한 개념을 순수이성의 '도덕적 사용'에서 추구하고 그 도덕적 사용에서 정초하려 한다.

자유와 도덕법칙 간의 관계 속에 칸트의 비판적 윤리학의 본질적인 특성이 잘 나타나고 있다. 자유는 도덕법칙의 '존재근거ratio essendi'이며, 도덕법칙은 자유의 '인식근거ratio cognoscendi'이다. 이 관계는 실천형이상학에 있어, 즉 이성체계의 완성이라는 점에서 본질적이고 특출한 역할을 제시한다. 칸트에 따르면, 자유의 전제 없이는 우리는 결코 도덕법칙에 관여할 수 없게 된다. 도덕법칙의 존재근거인 자유는 실천적이고자 하는 이성의 능력, 즉 의지규정을 위한 충분한 근거를 자신 속에 포함하는 이성의 능력이다. 그러나 자유의 인식근거인 도덕법칙이 없다면, 우리는 결코 우리의 자유를 받아들일 어떠한 정당성도 가지지 못한다. 따라서 우리의 자유 사용은 다음의 조건에 관련되어 있다. 즉 조건이란 의무의 명령에 의해 우리 행위의 준칙들이 보편적 합법칙성의 정식 자체를 이끌어 내는 것이다. 도덕법칙은 자유로운 의지의 사용을 가능한 보편적 법칙 부여의 조건에 관련시키는 일에 관계한다.

자유는 다른 이념들, 즉 신이나 영혼불멸의 이념처럼 순수이성의 선험적 이념이다. 자유의 이념은 필연적인 실천적 측면에서 하나의 전제로 요청된다. 다시 말하면, 자유의 이념은 감각세계로부터 독립되어 있는 필연적인 전제로 요청된다. 그럼에도 불구하고 자유의 이념은 신이나 영혼불멸의 이념들과는 달리 '진리Fürwahrhalten'가 정초되어 있는 사실Tatsache에 관여하고 있다. 비록 이 사실이 감각세계를 넘어선 것으로 일종의 초감각적 사실이기는 하지만, 우리는 자유의 가능성을 도덕법칙을 통한 사실로 알 수 있게 된다.

"사변이성의 이념인 자유는 우리가 알고 있는 도덕법칙의 조건이기 때문에, 우리가 그 이념의 가능성을 그 이념을 통찰하지 않고 단지 선천적으로 알 수 있는, 사변이성의 모든 이념 가운데 유일한 이념이 자유이다."
(『실천이성비판』 5)

실천이성은 자유의 실재성을 도덕법칙을 통해 제시한다. 또한 실천이성은 이 자유의 실재성으로 예지계를 제시한다. 그런데 이 예지계에서 사변이성은 단지 자유의 개념은 규정될 수 없다는 사실만을 지적했었다. 순수이성이 인간을 도덕적으로 절대적으로 구속하는 법칙을 부여하는 동안, 이제 인간은 감각세계를 넘어서는 전혀 새로운 지평을 만나게 된다. 즉 인간은 자연 전체에서도 나타나지 않는 일종의 필연성과 근본적인 결합을 의미하는 도덕법칙과 더불어 '이념에 따른 고유한 질서'를 만들어낸다. 이 이념에 따른 고유한 질서는 예지계mundus intelligibilis 내지는 목적들의 왕국으로 불리고, "보편적 객관적 법칙을 통한 이성적 존재의 체계적 결합"(『도덕형이상학 정초』433)으로 파악된다. 칸트에 따르면, 이성적 존재 내지는 도덕법칙의 주체인 인간은 이제 의지의 자유를 통해 가능한 목적들의 왕국에서 항상 '법칙을 부여하는 자als gesetzgebend'로 간주되어야만 한다. 따라서 인간은 그 어떤 목적을 위한 수단Mittel이 아니라 자기목적Selbstzweck이어야만 한다. 이 자기 목적 때문에 인간은 가격Preis이 아니라 내적인 가치, 즉 품위Würde를 지니게 된다. 비판 이전 시기의 저술인 한『반성들』에서 칸트는 자유와 도덕법칙 간의 관계를 고려하여 인간의 품위에 대해 말하고 있다.

"인간적 본성의 품위는 전적으로 자유 속에 놓여있다. 이 자유를 통해 우리는 그 어떤 고유한 좋음에 가치 있게 될 수 있다. 그러나 인간은 좋은 모든 것을 스스로 가치 있게 만들기 때문에, 인간의 가치(품위)는 자유의 사용에 기인한다."(XIX 181, Nr. 6856)

초감각적인 근거에서만 가능한 개념, 그럼에도 불구하고 경험에서 그 개념의 실재성이 증명되어야만 하는 개념, 그 개념과 더불어서만 오직 초감각적 본질에 대한 인식이 가능해질 수 있는 개념이 있다. 이 개념이 바로 유일하게 인간의 이성에서 마주치는 도덕법칙 아래에서의 자유의 개념이다. 칸트에 따르면, 도덕법칙을 통해 그 실재성이 증명되는 자유의 개념을 통해 모든 다른 이성 개념들, 즉 신과 영혼 불멸의 개념들은(이 개념들은 사변적 이성에 있어서는 단순한 이념들로 정처 없이 떠돌고 있었다) 이제야 객관적 실재성을 얻게 되었다. 즉 신과 영혼불멸의 이념들도 '자유는 실재한다'라는 자유의 이념을 통해 증명될 수 있다.

단순히 사변적인 방법으로 신이나 영혼불멸을 증명하려는 시도는 헛된 노력으로 끝난다. 왜냐하면 사변적 방법으로는 초감각적인 것에 관한 어떠한 인식도 가능하지 않기 때문이다. 그에 반해 도덕적인 방법에 따른 시도는 성공할 수 있다. 즉 모든 실천적인 고찰에 근거해 있는 초감각적인 것, 다시 말하면 자유는 초감각적인 것에 유래하는 특정한 인과성의 법칙을 통해 다른 초감각적인 것의 인식에 재료를 제공할 뿐 아니라, 도덕법칙의 사실에 의해 타당한 증명근거를 제시할 수 있다. 그러나 이런 일들이 사변적인 의도가 아니라 단지 실천적인 의도에서만 가능하다. 자유의 이념은 유일한 초감각적 개념이다.

"이[자유] 개념은 자신의 객관적 실재성을 자연에서 가능한 작용[도덕법칙]을 통해 자연에서 증명한다. 그리고 그를 통해 이 개념은 다른 두 초감각적 개념[신과 영혼]이 자연과 결합하는 것을 가능하게 한다."(『판단력비

오직 자유의 개념만이, 비록 이 개념이 실천적 인식을 고려해서만
가능할지라도, 초감각적인 영역에로 나아갈 수 있다. 따라서 자유 개
념을 통해서 이성은 자신의 한계를 더 넓힐 수 있게 된다. 그러나 이
런 한계에 사변(이성)은 희망도 없이 제한된 채 머물 수밖에 없었다.
따라서 우리는 단지 자유 개념의 실재성과 실천적 의도에서만 초감
각적인 것, 즉 신과 영혼불멸에 대한 인식에 다다를 수 있다. 이런 견
해를 근거로 칸트는 한 발 더 나아간다. 즉, 초감각적인 인식의 가능
성은 확실하게 도덕법칙 또는 도덕법칙의 정식Formel인 정언적 명령
kategorischer Imperativ의 토대 위에서 정립될 수 있다. 왜냐하면 자유 개념
과 자유의 실재성은 정언적 명령을 통하지 않는 그 이외의 어떤 방
식으로도 증명될 수 없기 때문이다. 그리고 이 정언적 명령은 선천적
종합 명제로서 선천적 인식에 관계하고, 이와 함께 초감각적인 것이
관계하는 목적들에 근본적으로 놓여있다. 따라서 우리는 정언적 명
령 없이는 우리의 목적 일반에 대한 그 어떤 것도 선천적으로 인식할
수 없게 된다. 결국 순수이성의 이념들은 사변적 의도에서는 무제약
자로 인식의 대상일 수 없었던 것이, 실천적인 의도에서는 단지 제약
된 것으로 인식 가능한 것이 된다. 이런 이념들에 대한 개념의 실재
성은 순수실천이성 속에서 그 근거를 지니게 된다. 그리고 이런 이념
들이 우리의 본래적인 본성에서 비롯되고, 의지에 대한 지성의 관계
를 곧바로 선천적으로 규정하는 도덕법칙을 통해 규정된다면, 우리
는 이와 같은 규정을 저 순수이성 이념들의 감성화Versinnlichung로 간주

할 필요도 없고, 더 나아가 초감각적 대상들에 대한 과도한 인식으로 치부할 수도 없게 된다.

"신과 미래[영혼불멸]의 이념들은 도덕적 근거를 통해서 객관적이고 이론적인 실재성을 얻는 것이 아니라 마치 하나의 다른 세계가 있는 것처럼 행동하는 단순히 실천적인 실재성을 얻는다."(XX 341)

실천적 형이상학에서 실재적이고 형이상학적으로 충분히 통용되는 자유의 이념은 이제 하나의 특별한 가치를 지닌다. 왜냐하면 자유의 이념은 도덕성 일반에 대한 의미 있는 언급을 비로소 가능하게 하고, 그것으로 여타의 다른 이념들에 대한 객관적인 의미를 지니기 때문이다. 또한 실천적 견지에서 자유의 실재성은 증명된 것으로 전제될 수 있기 때문이다. 자유의 이념은 칸트의 도덕 이론에서 중심적인 개념일 뿐 아니라, 칸트의 실천형이상학에 있어서도 중심적인 역할을 수행한다.

## 제2절  최고선의 이상: 실천이성 이율배반의 해소

### 1)『실천이성비판』의 이율배반Antinomie

앞에서 제시했듯이, 자유는 도덕법칙을 인식하기 위한 필연적 조건이며, 그런 점에서 자유는 도덕성 일반의 가능성을 위한 필연적인 조건이다. 그에 반해 도덕법칙은 자유에 실재성을 부여하고, 이런 의미에서 자유는 하나의 사실이다. 그럼에도 불구하고 또다시 물을 수 있는 것은, 이런 사실에서 자유가 또한 최고선의 필연적 조건이라는 것이 주어지는가? 여기서 문제가 발생하고, 우리는 지금 이 문제의 해결을 시도하려 한다.

순수이성 일반의 변증은, 그것이 이론적이든 실천적이든, 순수이성 일반이 모든 주어진 제약자를 위해 제약의 총체성의 형식에서 무제약자를 추구하는 것에서 발생한다. 『실천이성비판』 내에서 최고선의 이념은 우선적으로 실천이성의 변증과의 연관 속에서 성립한다. 무제약자에 대한 실천이성의 추구가 바로 "순수실천이성 대상의 무제약적인 총체성"(『실천이성비판』194)으로 최고선이기 때문이다. 따라서 실천이성의 변증은 내용적으로는 "최고선 개념의 규정에 있어 순수이성의 변증"(『실천이성비판』198)이다. 무제약적인 총체성에 필연적으로 관련된 최고선의 이념은 결국 실천이성의 변증을 이끈다. 또한 최고선 개념의 규정에 대한 변증은 이율배반에서 제시된다. 『실천이성비판』 내에서 최고선의 문제는 이율배반 또는 변증론의 개념에서 파악된다. 그러나 『판단력비판』에서 이런 개념들은 더 이상 최고선과의 연관 속에서 사용되지 않고 있다.

자유의 이념이 이론적이고 사변적인 이성의 이율배반을 이끌었다면, 실천이성의 이율배반은 최고선의 이념에서 이끌려진다. 여기서 우리는 이율배반의 의미와 이론적 이성의 이율배반과 실천적 이성의 이율배반 간의 차이를 고려하지 않을 수 없다. 그러나 여기선 이율배반의 개념이 상세하게 거론되지는 않을 것이며, 실천이성의 이율배반의 본질적인 특성이 파악되는 정도에서만 거론될 것이다. 또한 『판단력비판』에 따른 이율배반은 다음 장에서 거론된다.

『순수이성비판』에서 우리는 이미 이율배반 개념의 의미를 파악할 수 있다. 여기서 이율배반은 우선적으로 "순수이성 법칙들의 모순"(『순수이성비판』 B 434)으로 이해된다. 순수이성이 무제약자를 추구하는 가운데, 그 순수이성은 두 법칙 간의 모순에 빠진다. 즉 순수이성의 법칙은 한편으로는 조건들의 측면에서 계열의 첫 번째가 최상의 조건으로 주어져 있다는 것이며, 다른 한편으로는 조건들의 계열에 있어 모든 것은 예외 없이 제약되어 있다는 것이다. 이 두 법칙은, 칸트에 따르면, 필연적으로 인간이성의 본질로부터 발현한 것이다. 그 때문에 두 법칙 간의 이율배반은 '자연스러운' 것이고 또한 '회피할 수도 없는' 것이다. 『순수이성비판』의 이율배반은 서로 간 모순되는 두 명제의 대립, 즉 두 표현, 정립Thesis과 반정립Antithesis의 갈등을 의미한다. 『순수이성비판』의 이율배반은 좀 더 좁은 의미에서 말하면, 법칙들이 적용되는 가운데 이율배반이 드러나는 '반주장(反主張)Antithetik'을 의미한다. 반주장은 순수이성의 이율배반에 대한 논구, 즉 "원인과 그 원인의 결과에 대한 탐구"(『순수이성비판』 B 448)이다. 비록 칸트가 〈순수이성비판〉에서 네 종류의 이율배반을 제시하지만, 순수이성의 이율배반의 중심적인 의미는 세 번째 이율배반인 자유의 이율배반에 놓여있다. 이 자유의 이율배반에서 칸트는 현상Phänomenon과 예지Noumenon 간의 구별, 즉 자연 인과성Naturkausalität과 자유의 인과성Kausalität aus Freiheit을 구별하면서 이율배반 일반을 해결할 실마리를 찾고 있다.

칸트는 『실천이성비판』에서도 이율배반의 개념을 『순수이성비판』에서 내세웠던 것과 근본적으로 동일한 의미로 사용하고 있다. 『순수이성비판』에서와 마찬가지로 『실천이성비판』에서도 이율배반은 순수이성의 법칙들 간의 모순으로 언급되고 있다. 칸트는 『실천이성비판』에서의 이율배반을 다음과 같이 정식화한다.

> "행복에 대한 욕구가 덕의 준칙에 대한 동인이어야 하거나(첫번째 명제), 또는 덕의 준칙이 행복을 일으키는 원인이어야 한다(두번째 명제)." (『실천이성비판』 204)

칸트가 『순수이성비판』의 이율배반에서 '정립'과 '반정립'의 개념을 사용하는 데 반해, 『실천이성비판』의 이율배반에서는 '두 명제'라는 개념을 사용한다. 두 명제는 원인과 작용의 결합이라는 형식에서 덕과 행복을 결합한다. 첫 번째 명제는 행복이 원인이며 덕은 작용이라는 것을 제시하고, 두 번째 명제는 반대의 경우로 덕이 원인이며 행복은 작용이라는 것을 제시한다.

칸트가 덕과 행복을 결합함에 있어 '분석적' 또는 '종합적'이라는 개념을 언급하고, 여기서 그는 에피쿠로스와 스토아의 입장을 비판한다. 이런 형태는 칸트가 『순수이성비판』에서 두 철학파(경험론과 이성론) 간의 싸움을 언급한 것과 유사하다. 두 철학파 간의 오해를 방지하기 위해, 여기서 우리는 덕과 행복의 분석적 또는 종합적 결합에 대해 자세하게 논구해야 하며, 더 나아가 스토아와 에피쿠로스에 대한 칸트의 비판도 다루어져야 한다.

최고선 개념은 덕과 행복이라는 두 가지 상이한 성분으로 성립된다. 따라서 최고선 개념에서 행복과 덕은 필연적으로 결합해야 한다. 덕과 행복의 이러한 필연적인 결합은 칸트에 따르면 "원인과 결과Grund und Folge"(『실천이성비판』 199)의 연관 속에 놓여있다. 또한 이러한 관계는 '분석적'이거나 '종합적'인 방식을 취한다.(『실천이성비판』 199) 분석적인 방식에서 덕과 행복의 결합은 "동일성Identität"(『실천이성비판』 200)의 법칙에 따라 고려된다. 덕 있는 심성의 행위는 곧바로 행복에 대한 이성적인 노력이며, 반대로 행복한 자의 행동이 곧 덕에 대한 노력인 것이다. 칸트는 이런 입장을 스토아학파와 에피쿠로스학파가 각각 대변하고 있다고 본다. 반면에 종합적 방식에 따르면 덕과 행복의 결합은 인과성Kausalität의 법칙에 따라 고려된다. 덕은 덕의 의식과는 상이한 것인 행복을 산출한다. 또한 행복은 행복의 의식과는 상이한 덕을 산출한다.

칸트에 따르면 덕과 행복을 동일성의 법칙, 즉 분석적으로 결합하려는 시도는 결코 가능하지 않다. 덕과 행복은 전적으로 이질적인 것이기 때문이다. 이미 앞에서 논의되었듯이, 칸트는 에피쿠로스와 스토아의 입장을 비판한다. 에피쿠로스와 스토아학파에 따르면 최고선에서 덕과 행복은 결코 이질적인 요소가 아니다. 따라서 그들은 동일성의 법칙에 따라 원리의 통일을 추구했다. 에피쿠로스에 따르면 행복의 원리가 덕이고 현명함이 참된 지혜인 것이다.

"행복이 전적으로 최고선이며, 덕은 행복을 얻으려는 준칙들의 형식, 즉

행복을 위한 수단의 현명한 사용일 뿐이다."(『실천이성비판』 202)

그에 반해 스토아학파는 덕의 원리가 바로 행복이고 덕이 참된 지혜라고 주장한다.

"덕이 전적인 최고선이며, 행복은 주관의 상태로서 덕의 소유의식일 뿐이다."(『실천이성비판』 202)

칸트가 보기에 위의 두 학파, 즉 에피쿠로스와 스토아는 덕과 행복이라는 두 개념의 본질적인 차이를 단어 논쟁으로 치부했고, 두 개념을 한편에서는 덕 아래에, 다른 한편에서는 행복의 이름하에 인위적으로 결합시키려는 모습을 보이고 있다. 칸트는 항상 강조한다. 즉 덕과 행복은 결코 한편이 다른 편으로 환원될 수 없다. 최고의 실천적 원리인 덕과 행복의 원리는 결코 동종적인gleichartig 것이 아니기 때문이다. 따라서 칸트에 따르면 덕과 행복의 결합은 종합적인 방식으로만 가능하다. 게다가 이런 종합적인 결합은 원인과 작용이라는 결합으로 고려되어야만 한다. 이에 따라 이제 실천이성의 이율배반으로 보이는 두 가지 종류의 명제가 주어진다.

첫 번째 명제는, '행복에 대한 요구가 덕의 준칙을 위한 원인'이다. 두 번째 명제는, '덕의 준칙이 행복을 일으키는 원인'이다.

칸트에 따르면 첫 번째 명제는 전적으로 불가능하고 단적으로 거짓인데, 행복의 원리들은 모두 경향성에 따른 것으로 결코 도덕적인 것이 아니며, 덕을 정초할 수 없기 때문이다. 그러나 칸트는 두 번째 명제도 다음과 같은 견해에서는 불가능하다고 간주한다. 즉 세계 내의 모든 실천적 인과성의 결합이 의지의 도덕적 심성에 따르지 않고 자연법칙의 인식에 따른다면 두 번째 명제도 불가능해진다. 그럴 경우 세계 내에서 덕과 행복의 필연적 결합은 도덕법칙들의 가장 정확한 고찰을 통해 기대될 수는 없을 것이다.

그러나 칸트는 두 번째 명제에 대해서는 예외를 허용한다. 두 번째 명제는 단적으로 거짓이 아니고, 단지 조건적으로만, 즉 우리가 현상만을 인정하려 할 때만 거짓이 된다. 칸트의 확고한 주장이 보여주듯이, 이성적 존재인 우리는 현상세계에만 속하는 것이 아니라 예지계에도 속하는 존재이다. 이런 특징 때문에 우리는 감각세계 내에서 우리의 인과성을 규정하는 예지적 근거를 도덕법칙에서 가지게 된다. 그 때문에 두 번째 명제는 불가능하지는 않게 된다. 즉 덕은 원인으로서 감각세계 내의 결과인 행복과 필연적인 관련을 가진다.

첫 번째 명제가 전적으로 불가능한 데 반해, 칸트는 두 번째 명제에서 덕의 준칙을 유용하고 실행 가능한 것으로 서술한다. 여기서 그는 자주 '도덕적 심성moralische Gesinnung'에 대해 언급한다. 원인과 작용 사이의 이와 같은 관계에서, 즉 덕과 행복의 종합적인 관계를 고려하여, 칸트는 에피쿠로스의 새로운 입장을 비판하고 스토아의 새로운 이론을 자기만족이라는 개념을 통해 새롭게 끌어들인다.

칸트가 보기에 에피쿠로스는 이미 사람들이 덕 있는 또는 도덕적 심성을 지니고 있다고 전제한다. 그리고 그는 이런 사람들을 위해 행복의 원리를 덕을 위한 동기로 자주 내세운다. 그것으로 그는 행위의 규정근거를 만족, 즉 경향들의 충족 속에서 찾고 있다. 경향들의 충족은 에피쿠로스에 따르면 '항상 즐거운 마음stets fröhliche Herz'이다. 그러나 이미 앞에서 제시했듯이, 칸트의 확고한 주장에 따르면 행복의 원리는 행복에서 도출되는 행위에 있어 만족의 근거이긴 하나 결코 행복 그 자체가 행위의 규정근거는 아니다. 도덕법칙을 통한 행위의 규정이 쾌의 감정의 근거이다. 따라서 도덕적 심성은 법칙에 대한 존경의 의식과 필연적으로 결합되어 있다. 이 존경은 본래적이고 참된 동기로서 행위의 도덕적 규정근거이지, 행복의 향유가 행위의 도덕적 규정근거일 수는 없다.

  '자기만족' 개념을 통해 칸트는 스토아의 기본적 입장을 다시 정립한다. 스토아에 따르면 덕 자체의 의식은 이미 행복이다. 『실천이성비판』의 이후 칸트의 시각에 따르면, 자기만족은 행복의 개념이 아니라 "자신의 현존에 대한 만족Wohlgefallen an seiner Existenz이며 행복의 유사체Analogon"(『실천이성비판』 211)이다. 그런데 이 행복의 유사체는 덕의 의식을 필연적으로 동반한다. 자신의 상태에 대한 소극적인 만족을 의미하는 자기만족은 뛰어난 마음으로 도덕법칙을 따르려는 자유의 의식에서 비롯된다. 또한 이 자유의 의식은 자연적 경향들로부터 자유로운 의식을 의미한다. 자기만족인 이런 자유의 의식에서 우리는 향유할 능력이 생긴다. 그런데 우리는 자기충족이라는 개념을 최고의 존재에게만 부여할 수 있는데, 향유 능력이 적어도 그것의 본성에 따라 자기충족에 유사한 것인 한, 이 향유할 능력은 행복이 아니라 축복Seligkeit에 가까운 것이다.

그런데 오직 두 번째 명제에서만 문제가 되었던 행복, 즉 도덕적 심성에서 비롯된 행복에서 칸트는 단순히 '만족'만을 언급하는 것이 아니라, 이 현실세계에서의 '이성적 존재의 상태'도 논의하고 있다. 이 이성적 존재의 상태에는 그 존재의 현존 전체에 걸친 모든 희망과 의지가 문제시된다. 두 번째 명제, 즉 덕은 행복의 작용원인이라는 명제는 결국 덕이 행복을 일으킬 수 있다는 것이다. 그러나 행복이 도덕적 태도의 필연적 결과라는 의미에서만 받아들여지는 명제이다. 따라서 두 번째 명제는 현실성에 대한 특별한 이해에 목표하고 있다. 즉 이러한 이해는 '우리가 올바른(도덕적) 태도를 취하면, 또한 우리는 만족한(행복한) 상태에 놓여있다'라는 사실을 확보한다. 이는 곧 행복이 덕과 아주 적당한 비율로 이루어져 있음을 의미한다. 실천이성의 이율배반, 즉 최고선 개념을 규정하는 가운데 발생하는 순수이성의 변증은 결국 덕과 행복이라는 두 개념의 관계 규정을 통해서만 해소될 수 있다.

## 2) 실천이성 이율배반의 해소

칸트는 실천이성의 이율배반을 두 측면에서 해결하려고 한다. 한편에서는 『순수이성비판』에서 자유의 이율배반의 해결에서 제시된 것처럼 현상계와 예지계의 구별을 통해서, 다른 한편에서는 순수이성이념의 요청, 특히 신의 현존의 수용을 통해 이율배반을 해결하려한다. 첫 번째 해결 방식은 "실천이성 이율배반의 비판적 제거"(『실천이성비판』205)라는 구절이 보여주듯이 매우 비판적이다. 그에 반해 두 번째 해결 방식은 독단적이나 실천적인 것이다.

첫 번째 해결 방식은 전적으로『순수이성비판』의 해결 방식과 유사하다. 이율배반은 이론적이든 실천적이든 단순한 오해에서 발생하기 때문이다. 즉 물자체의 조건으로만 타당한 절대적 총체성의 이념을 현상들에 적용하거나, 현상들 간의 관계를 이런 현상들에 대한 물자체의 관계로 간주하는 데서 발생하는 오해에서 이율배반이 나타난다. 따라서 현상과 물자체의 구별이 이론적 이성과 실천적 이성의 이율배반의 해결을 위한 실마리를 제공한다.

현상과 물자체 사이의 관계 규정은 실천이성 자체의 가상적 모순을 드러내고, 최고선에서 덕과 행복의 필연적 결합을 정당화한다. 최고선 개념에는 도덕성이 물자체에 속하는 것으로 놓여있고, 행복은 현상에 속하는 것으로 놓여있다. 물자체가 현상의 조건 내지는 규정 근거라는 근거에서 우리는 최고선의 두 개념, 도덕성과 행복의 관계를 규정할 수 있다. 최고선 개념에서 도덕성은 항상 필연적 조건으로 최상선이고, 행복은 항상 도덕적 합법칙적인 태도를 그의 조건으로 전제하는 그런 것이다. 여기서 주어지는 결과는, 원인으로의 도덕성은 감각세계에서 결과로서의 행복과 필연적인 관계를 지닌다는 것이다. 따라서 실천이성의 이율배반의 해결로부터 드러나는 것은 도덕성과 행복의 결합은 인식될 수는 없어도 적어도 가능한 것으로 생각될 수 있다는 사실이다. 그리고 행복의 원리는 주관적 원칙으로 결코 도덕성을 창출할 수 없다는 것이다. 또한 도덕성은 최상선으로 최고선의 첫 번째 조건을 이루는 데 반해, 행복은 최고선의 두 번째 요소로 단지 도덕적으로 제약된 그러나 도덕성의 필연적인 결과로 드러 난다는 사실이다. 오직 이러한 사실로부터 최고선은 순수실천이성의 "참된 대상"이 될 수 있고, "도덕적으로 규정된 의지의 필연적인 최 고 목적"일 수 있는 것이다.(『실천이성비판』 207)

이율배반의 해결과 관련하여 우리는 도덕법칙과 최고선 사이의 필연적인 관계를 다시 고려할 수 있겠다. 우리가 간접적으로 우리의 능력에 속하는 것을 고려하여 최고선의 가능성의 근거를 제시하려고 한다면, 최고선은 자유를 통해 가능한 최고의 선을 의미한다. 즉 도 덕법칙으로부터 시작한 최고의 선이다. 이런 의미의 최고선에서 우 리는 이제 하나의 의무를 지니게 되는데, 그 의무란 우리의 모든 힘 을 다해 최고선을 촉진하는 일이다. 또한 바로 이와 같은 의미의 최 고선의 이념에서 이념 대상들의 가능성, 즉 신의 현존과 영혼 불멸의 가능성이 증명되고, 더 나아가 이런 이념들의 객관적 실재성도 현실 세계 내에서 가능한 최고선을 명령하는 도덕법칙을 통해 증명된다.

"우리는 이념들의 개념을 우리의 의지의 대상인 최고선의 실천적 개념 에서 통합한다. 그리고 이러한 통합은 완전히 선천적으로 순수이성을 통해 서, 그러나 도덕법칙을 매개로 해서만, 도덕법칙이 명령하는 대상을 고려 하여 도덕법칙에 관련하여서만 가능하다."(『실천이성비판』 240)

그러나 최고선의 이념이 우리의 능력 속에 있지 않은 것과 관련하 여 서술되어야만 한다면, 이 최고선의 이념은 더 이상 실천이성의 내 재적인 원리 속에 있지 않게 된다. 현실의 세계에서 도덕성과 행복의 필연적 결합, 즉 최고선에 충족한 결합은 단순한 감각의 대상인 자연 속에서, 즉 행복의 원리에서 일어날 수 없으며, 또한 이러한 결합은 도덕법칙을 통해서도 기대될 수 없게 된다. 이러한 필연적인 결합을 위해서 우리는 전체 자연의 원인이며 동시에 목적들의 왕국에서 지배자인 한 존재를 생각하지 않을 수 없게 된다. 『순수이성비판』의 자유이율배반의 해결의 결과는, 두 이질적인 개념, 즉 자연법칙과 자유의 법칙이 감각세계 내에서 모순 없이 생각될 수 있다는 것이었다. 그에 반해 칸트는 실천이성의 이율배반을 해결하려는 장, 즉『실천이성비판』에서는 감각세계 내에서 두 개념의 결합을 필연적으로 만들려는 의도를 지닌다. 실천이성의 이율배반의 두 번째 해결 방식과 관련하여 칸트는 자연의 예지적 근원자이며 동시에 자유, 즉 도덕법칙의 근원자를 수용하면서 도덕성과 행복 두 개념의 결합인 최고선의 이념에 객관적 실재성을 부여하려 한다. 결국 덕과 행복의 결합인 최고선이 가능하기 위해서는 최고의 근원적 선의 현실, 즉 신의 현존이 요청되지 않을 수 없다. 이 최고의 자족적 선은 동시에 모든 행복의 충분한 근원이 되며, 이것이 바로 '신의 이상das Ideal von Gott'이다.

### 3) 요청론

앞서 이미 논의되었듯이, 실천이성의 이율배반을 해결하는 장에서 칸트는 무엇보다 예지계Noumenon와 현상계Phänomenon의 구별을 통해 문제를 근본적으로 완전하게 해결하고자 노력한다. 그러나 이와 같은 구별에는 근본적인 어려움, 즉 현상계와 예지계의 두 개념을 결합하려는 어려움이 도사리고 있다. 이 두 개념 가운데 하나의 개념, 즉 예지계는 현상의 세계에서 그 결과에 전혀 의존하지 않고, 반면에 다른 개념, 즉 현상계는 자연 인과성에 제약되어 있기 때문이다. 사물 자체Dinge an sich selbst와 현상Erscheinungen 간의 구별을 통한 이율배반 일반의 해결은 비판적kritisch이긴 하나, 단지 소극적인 의미negative Bedeutung만을 지닌다. 즉 우리는 현실세계에서 행복과 도덕성의 결합을 단지 모순 없이 생각할 수 있을 뿐이다. 이제 칸트는 실천철학 안으로 이성요청Vernunftpostulaten을 끌어들이면서 실천이성의 이율배반의 해결을 완성하려 한다.

칸트는 요청 일반을 두 종류의 요청으로 나누어 설명한다. 즉 요청은 순수실천이성의 요청과 순수 이론이성의 요청으로 구분된다. 이론이성의 요청은 순수 수학의 요청으로 필연적인 확실성을 수반한다. 이와 같은 요청은

"한 행위의 가능성에 관계하는데, 그 행위의 대상을 우리는 선천적 이론적으로 아주 확실하게 가능한 것으로 이미 인식하고 있다."(『실천이성비판』 22, 주석)

그에 반해 실천이성의 요청은

"필연적인 실천적 법칙에서 나온, 따라서 단지 실천이성을 소환하기 위한, 어떤(신 또는 영혼 불멸) 대상의 가능성을 의미한다."(『실천이성비판』

결국 실천이성의 요청은 객관의 인식에 관계하는 것이 아니라, 주관에 관련해서만 실천적 법칙을 수행하기 위해 필연적으로 받아들여져야 한다. 이는 단순히 하나의 필연적 가정notwendige Hypothesis이다. 그러나 이 가정은 참되고 무제약적인 이성 필연성이며 더 나아가 경험적 사유 일반을 요청하는 데 없어서는 안 될 가정이다.

그러나 일반적으로 요청은 이론이성의 형이상학적 가정으로, 이론이성에 있어서는 모순 없이 생각될 수 있으나 증명될 수는 없다. 왜냐하면 요청은 경험을 넘어서는 영역에 관련되어 있기 때문이다. 요청은 실천적 의도에서 이루어진 허락이다. 그러나 요청은 대상들에 관계하는데, 그 대상에 대해 판단하는 일은 이성이론의 본래적인 사태인 것이다. 이론이성 이념의 필연성이 이성이념을 확고하게 규정하는 것에 있다면, 실천이성의 요청은 이념을 통해 확립된 대상을 현실적인 것으로 받아들이는 필연성에 관련되어 있다. 칸트는 순수실천이성의 요청을 "이론적인 그러나 그 자체로는 증명될 수 없는 문장"으로 이해하며, "그런 한에서 요청은 선천적으로 무제약적으로 타당한 실천적 법칙에 분리할 수 없게 관련되어 있다."(『실천이성비판』 220)고 판단한다. 따라서 요청은 이론적인 허락이며, 그 허락의 필연성은 단지 실천적으로만 정초될 수 있다. 요청의 내용적 대상들, 즉 신과 자유 그리고 영혼불멸은 『순수이성비판』에서 순수이성의 궁극의도를 형성했던 이성이념들이며, 이 이성이념들이 형이상학의 본래적인 대상을 제공한다.

칸트의 경우 실천이성의 요청에 대한 허락은, 이 허락이 최고선의 가능성을 표상하기 위한 없어서는 안 될 전제라는 사실과 함께 정립된다. 따라서 요청을 통해 최고선은 가능한 것으로 생각되어지나 객관적으로 가능한 것으로 인식되지는 않는다. 결국 요청이 최고선의 가능성을 위한 필연적 조건이라면, 그리고 동시에 최고선을 촉진하라는 의무가 존립한다면, 이론적으로 보면 단순히 문제적인 이성개념들에 대상들이 일치한다는 사실을 받아들이는 일은 실천이성에게는 아주 정당한 것이다.

비록 신의 현존과 영혼불멸의 요청이 동시에 최고선의 가능성을 위한 필연적인 조건으로 고려된다 해도, 우리는 요청을 두 측면에서 고려할 수 있다. 즉 영혼불멸은 도덕법칙에 대한 의지의 완전한 적용을 위해 요청되며, 신의 현존 요청은 행복의 원인, 즉 도덕성과 행복의 결합에 관련된다.

도덕법칙은 필연적으로 최고선의 첫 번째이며 최상의 조건인 도덕성의 완전성에 관계한다. 이 도덕성의 필연적 완전성은 도덕적 완성인 성스러움Heiligkeit이다. 이 성스러움은 감각세계에서는 결코 획득될 수 없는 것으로 이상Ideal, 전형Vorbild 또는 희망의 대상 등으로 간주된다. 도덕법칙에 완전한 적용을 의미하는 성스러움은 영원한 생애 동안에만 획득될 수 있기 때문에, 영혼불멸은 도덕성의 완전성을 고려하여 요청되지 않을 수 없다.

최고선이 의지의 대상으로 도덕법칙과 필연적으로 결합되어 있는 동안, 즉 최고선이 도덕법칙에서 비롯되는 한, 이 도덕법칙은 최고선의 두 번째 요소, 즉 도덕성에 잘 적용되어 있는 행복인 바로 그 행복의 가능성에 관여하지 않을 수 없다. 그럼에도 불구하고 이런 행복의 원인은 도덕법칙 자체에 있지 않기 때문에, 실천이성은 이 결과에 적합한 원인의 현존을 전제하지 않을 수 없다. 즉 실천이성은 신의 현존을 최고선의 가능성에 필연적으로 속하는 것으로 요청하지 않을 수 없다.

도덕성과 행복의 결합인 최고선의 이념은 동시에 최고의 근원적인 선, 즉 신의 현존의 이념이다. 그런데 이 신의 현존의 요청은 영혼불멸의 요청보다 더 우위를 지닌다. 만약 우리가 감각세계에서 도덕적 창조자를 내세우지 않는다면, 『순수이성비판』과 『실천이성비판』의 변증론에서도 원인으로서의 도덕성과 결과로서의 행복 간의 결합은 생각될 수조차 없게 된다. 도덕성이 감각세계에서의 행복의 원인이라는 사실은 생각될 수 있는, 불가능한 일이 아니다. 이제 칸트는 도덕성과 행복의 결합인 최고선의 문제를 신의 현존의 요청을 도움받아 해결하려 한다. 행복과 도덕성의 결합은 신의 현존의 요청을 통해서만 기대될 수 있는 것이다.

> "따라서 행복과 도덕성의 관계, 즉 행복과 도덕성의 충분한 일치의 근거를 포함하는, 자연으로부터 구별되는 모든 자연의 원인의 현존이 요청된다."(『실천이성비판』 225)

칸트는 신을 '세계 근원자'로 부르고, '자연의 원인'과 '창조자' 등으로 다양하게 부르나 그 내용적 의미는 항상 동일하다. 신은 자연이 도덕법칙과 필연적인 관계를 맺는 근거이다. 하나의 보편적 도덕적 창조자가 자연의 왕국Reich과 도덕의 왕국에 근거해 있을 때에만 자연과 도덕 사이의 조화가 이루어질 수 있다. 즉 원인 또는 근거로서의 도덕성과 결과로서 행복 간의 비례적인 조화가 가능해진다. 최고선이 가능하기 위한 조건은 결국 자연의 왕국과 도덕의 왕국 간의 완전한 일치이다. 그리고 이러한 일치는 전적으로 상이한 법칙에 따라 주어진 두 세계 사이에서 아주 잘 적용되고 광범위하게 합목적적인 관계에서만 가능해진다.

이제 우리는 요청론과 관련하여 그 문제점이 무엇인가를 제시해 보고자 한다. 우리는 요청과 최고선의 이념 간의 관계를 두 대립된 방향에서 고찰할 수 있다. 즉 한편에서 우리는 도덕법칙 또는 자유의 이념에서 최고선의 이념에로 나아갈 수 있고, 다른 한편으로는 최고선의 이념은 요청론을 통해 신의 현존과 영혼불멸의 도덕적 증명으로 권리를 지닐 수 있다. 칸트는 두 방향을 동시에 선택하고 있다. 칸트는 한편으로 '자유를 통해 가능한 최고의 선', 즉 도덕법칙에서 비롯되고 요청론을 필요로 하지 않는 최고선이 있다고 말하고, 다른 한편으로는 도덕법칙은 요청론 없이는 거짓임을 주장한다. 이런 두 입장을 동시에 선택하는 칸트는 요청론과 최고선 이념 간의 필연적인 관계를 아직도 분명하게 설명하지 못하고 있다고 말해야 할 것이다.

무엇보다 『실천이성비판』에서 칸트는 순수실천이성의 요청인 신의 현존과 영혼불멸을 제시하면서 최고선을 가능한 것으로 묘사하고, 더 나아가 최고선을 도덕법칙의 대상으로 간주하려 한다. 요청이 최고선을 가능하게 하는 조건인 한에서 요청을 받아들이는 일은 도덕적으로 필연적이다. 그러나 요청을 받아들이는 도덕적 필연성은 '우리의 의무 의식'과 연결되어 있기는 하나 '의무 그 자체'는 아니다. 왜냐하면 의무 일반은 단순히 이성의 이론적 사용에만 문제가 되는 한 존재자의 현존을 허락하는 일에 관련되어 있지 않고, 순수이성의 실천적 사용인 도덕법칙에만 관계하기 때문이다. 칸트에 따르면 모든 결합 일반Verbindlichkeit überhaupt의 근거는 요청에 주어지는 것이 아니라, 단적으로 이성 자체의 자율성, 즉 도덕법칙 자체에 기인한다. 칸트는 자주 강조한다. 즉 요청 일반은, 비록 이 요청이 최고선을 가능하게 하는 이론적 조건일지라도, 도덕법칙 자체에서 비롯된다. 그리고 우리는 단지 도덕법칙을 매개로 해서만, 그리고 도덕법칙이 제공하는 대상인 최고선의 실천적 개념을 고려해서만 요청 일반을 보장할 수 있다.

최고선을 우리의 의지의 대상으로 만드는 의무, 즉 우리의 모든 노력을 통해 최고선을 촉진하려는 의무는 요청에 따라 가능한 것이 아니라 '자기 자신에 대한 자명한 확실성', 즉 도덕법칙 위에서 정립된다. 도덕법칙에서 비롯된 최고의 선을 위해서는,

"사물들의 내적인 상태에 대한 이론적인 의견이나 세계질서와 그 세계질서에 앞서 있는 어떤 한 지배자의 비밀스러운 목표에 대한 이론적인 견해를 통한 그 어떤 지원도 필요하지 않다."(『실천이성비판』 257)

그러나 칸트는 또한 요청의 필요성을 언급한다. 이성이 도덕법칙을 통해 규정한 의지는 순수의지이다. 왜냐하면 이성이 경험의 도움 없이 순전히 도덕법칙에 의해서 규정한 의지이기 때문이다. 그런데

이 순수의지는 자신의 규칙에 대한 복종의 필연적인 조건으로 요청을 필요로 하지 않을 수 없다고 칸트는 생각한다. 따라서 요청은 최고선의 가능성을 표상하기 위한 "주관적인 그러나 참된 무제약적인 이성필연성"(『실천이성비판』 23 주)이며, "순수이성의지의 실천적이며 필연적인 목적을 불러내기 위한"(『실천이성비판』 258) 최고선의 가능성을 위한 필연적인 조건이다. 도덕법칙의 실행과 관련하여 이성이념들은 그 이념들의 실천적 의도 속에서 요청되지 않을 수 없다.

"실천적으로 가능한 최고선을 촉진하라는 이[도덕법칙] 법칙의 주관적인 결과, 즉 도덕법칙에 잘 적용된, 도덕법칙을 통한 필연적인 심성은 적어도 후자[최고선]가 가능하다는 것을 전제한다. 그에 반할 경우, 한 개념의 대상을 얻으려고 노력하는 것은 실천적으로 불가능할 것인데, 여기서 개념은 근본적으로 공허하고 대상이 없는 것이기 때문이다."(『실천이성비판』 257)

도덕법칙의 수행과 최고선 이념을 고려하여 칸트는 인간 일반은 최고선을 완전하게 실현시킬 수 없다고 말한다. 인간은 유한하고 도덕적으로 나약하기 때문이다. 그리고 도덕법칙 자체는 수행의 힘을 그 자체 내에 지니고 있지 못하기 때문이다. 결국 이 현실의 세계에서 최고선의 이념을 가능하게 하기 위해서 칸트는 추가적인 요소, 즉 신의 현존과 영혼불멸의 요청을 추구하지 않을 수 없었다. 요청의 수용을 통해서, 그가 믿는 바, 최고선의 획득 가능성이 확보될 수 있다.

그러나 실천이성에 관련된 요청 문제는 여러 문제를 드러내고 있다. 특히 최고선과 요청의 관계에 대한 논의는 최근에 들어 다양하게 전개되고 있다. 한 예로, 데레카르트는, 비록 그 자신이 실천이성의 대상인 최고선 이론과 요청론은 『실천이성비판』의 변증론의 '그 자체로 서로 상이한 두 가지 과제'라고 말하고 있지만, 최고선 이론과 요청론 사이의 필연적인 관계를 강조한다. 분트도 순수이성의 요청을 실천이성이 최고선을 정립하려고 필연적으로 노력한 그 최고선의 이념에서 주어진다고 주장한다. 최고선의 실현은 도덕적 의지의 필연적 대상이기 때문에, 최고선이 조건하에서만 오로지 가능한 그 조건 자체는 필연적으로 타당하게 받아들이지 않을 수 없다. 그러나 또한 우리는 실천이성의 대상인 최고선과 요청론의 필연적인 관계는 의심스러운 것으로 간주할 수도 있다. 이런 의미에서 실버는 말하길, 칸트는 신의 현존과 영혼불멸에 대한 도덕적 논의와 게다가 최고선의 실현이나 가능성에 대한 도덕적 논의를 불분명하게 취급하고 있다. 게다가 실버는 최고선 이론과 요청론의 관계는 칸트의 사고에서 참으로 뒤엉켜 있다고 언급한다. 뒤징도 최고선의 가능성을 더 폭넓게 표상하기 위해서는 부가적인 이론적 조건들의 인정, 즉 요청론이 필요하다고 말하고 있으나, 최고선 이념과 요청론 간의 관계에 대해서는 문제라고 지적한다. 뒤징의 주장에 따르면, 최고선 이념과 요청론의 관계는 칸트가 생각한 것처럼 그렇게 밀접하지도 않고 또한 그렇게 필연적이지도 않다. 왜냐하면 인간적인 본질의 유한성 때문에 도덕법칙이 최고선의 촉진을 명령하는 그 최고선의 가능성이 요청 일반을 통해 보장될 수는 없기 때문이다.

이제 우리는 요청론을 고려하여 최고선 이념의 본질적인 역할에 대해 결론을 내려야 할 자리에 왔다. 현실세계 내에서 자유를 통해 가능한 최고선의 실현 문제는 요청론에서는 고려되지 않고 있다. 『실천이성비판』의 변증론에서 최고선의 이념은 곧바로 감각세계에서 실현될 수 있는 특정한 행위의 목표라는 관점에서 논구되지 않고, 단지 실천이성의 이율배반의 해결이라는 문제에만 관련된다. 칸트는 자신의 비판 윤리학에서 자주 언급한다. 즉 최고선은 실천이성의 필연적 대상이며, 그에 따라 최고선은 도덕법칙에서 시작되고, 그 최고선의 촉진은 도덕법칙 아래에서 가능하다. 그럼에도 불구하고 그는, 요청론 내에서 최고선의 이념을 고려하여, 최고선 이념을 실천이성의 '내재적 원리ein immanentes Prinzip'의 관점에서 연구하는 것을 도외시하였다. 결국 실천이성의 요청을 고려하여 최고선의 이념은 단지 '초월적 원리ein transzendentes Prinzip'인 것이다.

초월적 원리인 최고선의 이념은 '하나의 이상ein Ideal'으로 칸트의 윤리학 내에서는 우리 능력의 범위를 규정하기 위한 척도로 확고하게 연결되어 있다. 결국 최고선의 이념은 인간 이성을 위한 이상으로 간주되지 않을 수 없다. 플라톤적인 이상을 고려하여 칸트는 '창조적 힘'을 언급한다. 그러나 인간 이성을 위한 이상은 '규제적 원리'로서 실천적 힘을 지니고, 어떤 행위의 완전함을 가능하게 하는데 근거하고 있다. 칸트가 규정한 이상 일반의 정의에 따르면,

"이상은 객관적으로 오로지 이성에서 완전하게 표상된다. 그러나 주관적으로, 인격에 대해서, 단지 인격의 끊임없는 노력의 목표일 뿐이다."(『실천이성비판』 195)

"이상은 한 이념과 그 이념 속의 예지적 완전성에 순응하는 감각대상에 대한 표상이다."(XIX 108, Nr. 6611)

이런 의미의 이상과 관련하여 칸트는 이성의 이상은 항상 특정한 개념에 기인하고, 그것이 복종이든 판단이든지간에, 규칙과 원형에 기여하지 않을 수 없다고 파악한다.

비록 칸트 자신은 최고선의 이상을 체계물음과 관련하여 그 결합을 충분하게 정초하지는 않았더라도, 우리가 최고선의 이상에서 이론이성과 실천이성의 결합 내지 통일을 가능한 것으로 생각한다는 의미에서 최고선의 이상은 체계완성과 필연적인 관계를 맺는다. 최고선의 이상과 관련하여 칸트는 말하길, 신의 현존은 모든 책임 Verbindlichkeit 일반의 근거로 간주되지 못한다. 책임은 단적으로 이성 자체의 자율성에 기인하기 때문이다. 그러나 우리는 신의 현존을 도덕성과 행복의 충분한 일치의 근거로 간주하지 않을 수 없다. 왜냐하면 칸트에 따르면 신의 이상 속에서 행복과 도덕성 내지는 자연과 자유는 '파생된 최고선das abgeleitete höchste Gut'을 가능하게 하는 도덕적 창조자에 의해 각각의 개념에 이질적인 조화, 즉 행복과 자연에도 이질적이고 도덕성과 자유에도 이질적인 조화로 나타난다.

최고선의 필연적 조건으로 요청되어야만 하는 신의 현존에서 자연과 자유 간의 일반적인 조화의 체계가 성립할 수 있다. 우리는 그런 조화의 체계를 특히 『판단력비판』에서 충분하게 고려할 수 있다. 그러나 최고선 이념의 실현과 관련해서 문제가 발생한다. 칸트는 특히 요청론에서 인간의 행복 추구에 대한 요구를 도덕법칙의 순수함과 연결하려고 추구한다. 그러나 이와 같은 결합은 이상으로부터 현실로의 이행 가능성을 전혀 고려하지 않은 채 오직 실천적 요청으로만 표상된다. 우리는 최고선을 완전하게 획득할 수는 없고 이런 이념을 단지 이성의 이상으로 바라볼 수 있다. 따라서 최고선의 이념은 우리의 도덕적 행위에 대한 '전형Vorbild'으로 기여한다.

체계적 완성을 고려하여 칸트는 『실천이성비판』에서 두 이성 방식, 즉 이론이성과 실천이성 간의 관계 규정을 실천이성의 '우위Primat'에 따른 이론에 제한하고 있다. 그에 따라 자연에 대한 비판적 이론의 체계적 조건들은 이미 실천적인 의도에서 성립한다. 그와 같은 조건들은 이제 『판단력비판』에서 '자연의 합목적성' 개념과 물리신학Physikotheologie과 윤리신학Ethikotheologie을 매개로 하여 전면에 등장하게 된다. 하나의 이론을 자명하게 구축하려는 것과 밀접하게 연관된 구체적인 문제들, 즉 감각세계에서 최고선의 실천적 이념을 가능한 것으로 실현하려는 문제는 『실천이성비판』에서는 아직도 논구되지 않고 있다.

최고선 이념의 실현문제와 관련하여 『순수이성비판』에서의 최고선 이념은 목적론적인 자연 고찰과 그리고 동시에 희망에 대한 전망 속에서 다루어진다. 그러나 『판단력비판』에서 최고선의 이념은 도덕성과 '유한한 의지의 목적론'과의 결합의 관점에서 논의되고 있다. 이 관점에서 칸트의 후기 최고선 이론이 형성된다. 즉 전기의 최고선 이론이 주로 도덕성과 행복의 관계나 결합을 다루었다면, 후기의 최고선 이론은 목적론이라는 이름하에 행복과 도덕성이 거론되고 있다.

# 제3장

# 최고선과 목적론『판단력비판』

## 제1절 최고선과 목적론적 세계 고찰

최고선 이념을 고려하여 우리는 우선적으로 완전성Vollkommenheit이라는 개념을 언급하게 된다. 칸트의 비판 전기의 단편적인 저술인 『반성들』에서 이미 최고선은 '세계의 완전성의 이상'임을 언급하고 있다. 그러나 이러한 완전성은 이론적인 것이 아니라, 실천적인 원리들에 기초해야만 한다. 이성적 존재의 본질적인 완전성은 그의 자유가 경향성에 의존하지 않고 또는 그 어떤 이질적인 원인에도 매여 있지 않은 것에 있다. 따라서 한 주체의 완전성은 그 주체가 행복하다는 것에 기인하는 것이 아니라, 자신의 상태가 자유에 속해 있다는 것에 기인한다. 행위들이 자유의 보편적 법칙 아래에 놓여있는 한, 그것은 보편적으로 타당한 완전성이다. 이와 같은 완전성, 즉 실천적 의미의 완전성은 그러나 칸트에 따르면 선으로서의 목적의 개념을 전제해야만 한다. 결국 실천적 의미의 완전성은 선, 즉 좋음의 개념을 필요로 하는데, 자유의 보편적 법칙인 도덕법칙은 '우리에 의해 가능한 행위는 좋은 것이다'라고 말하기 때문이다. 그에 반해 이론적 완전성은 합목적성의 개념에 앞서나가고 오직 다양함을 하나 또는 통일에로 결합하는 가운데서 완전함Vollständigkeit에 관여한다.

세계의 완전성인 최고선의 이념을 고려하여 '합목적성'의 개념은 칸트의 후기 최고선 이론을 형성하는 아주 특별한 역할을 수행한다. 칸트에 따르면 자연에 대한 모든 고찰은 물리적이든가 목적론적이다. 즉 자연의 모든 고찰은 자연 인과성에 따르든지 아니면 이념에 따른다. 단순한 감각적 존재, 즉 동물은 그의 본성에 따라 병리적pathologisch으로 살아간다. 그러나 인간은 그 본성에 따라 실천적praktisch으로 살아야만 한다.

"자연에 합당하게 산다는 것은 자연의 충동에 따라 사는 것이 아니라, 자연에 근거해 있는 이념에 따라 사는 것을 의미한다."(XIX 125, Nr. 6658)

이념에 따른 자연을 칸트는 목적론적으로 고찰된 자연으로 간주한다. 그리고 목적론적으로 고찰된 자연에서만 오직 최고선의 이념은 이해될 수 있다.

"자연에 있는 모든 것은 그것이 합목적인 한에서만 좋은 것이다. 그리고 그 모든 것은 자연에 속함에도 불구하고 자의[자유Willkür]에 종속되어 있다. 전자[자연]의 목적이 후자[자유]를 자신 속에 포함하고 있다면, 자연은 자유와 일치하게 된다."(XIX 203, Nr. 6909)

　자연의 합목적인 통일은 최고의 형식적 통일이며, 이는 오직 순수 이성의 개념에 근거한다. 그리고 이런 통일을 고려하여 이성은, 자신의 사변적 사용에서 세계 내의 모든 질서가 마치 이념의 의도에서 발생한 것처럼, 그 모든 질서를 바라보는 일을 필연적으로 만든다. 그러한 원리는 우리의 유한한 의식 또는 주체에 아주 새로운 측면을 제공한다. 즉 이 원리는 자연을 목적론적으로 고찰하도록 이끈다. 그를 통해 우리는 "자연의 거대한 체계적 통일"(『순수이성비판』 B 715)에 도달할 수 있게 된다.

　여기서 우리는 이제 다음과 같은 물음을 던진다. 즉 현실세계에서 실천적 이념을 지속적으로 실현하라는 명령이 주관의 유한성에서 그리고 그 유한한 주관이 속해 있는 삶의 조건들의 우연적인 사실에서 구체적으로 어떻게 관철될 수 있을까? 이런 관점에서는 주체성 Subjektivität의 유한함 또는 주관의 유한성이 주된 문제가 된다. 최고선의 이념은 두 이성방식, 즉 이론이성과 실천이성 사이에 '새로운 종류의 이행'을 가능하게 할 수 있다. 그리고 그 이행의 목표 방향은 유한한 주관성에 무제약적인 요구를 관철시킬 만한 구체적인 조건들을 제공하는 데 놓여있다.

　위와 같은 의미를 지니는 최고선의 이념은 『실천이성비판』에서는 아직 완수될 수 없었다. 유한한 주관성의 관점에서는, 즉 유한한 주관성의 이론인 목적론과 최고선의 이념의 연관 속에서는 신의 개념은 배경으로 물러난다. 신의 요청에 대한 물음의 자리 대신에 그리고 희망의 대상에 대한 물음 대신에 유한한 이성적 존재의 성과Leistung에 대한 물음이 등장한다. 그리고 이 유한한 이성적 존재의 성과는 최고선의 실행을 판단하는 법정Instanz을 의미한다. 최고선을 촉진하라는 의무적인 특성과의 연결 속에서 칸트는 그 의무에 일치하는 주관의 능력을 고려하여 유한한 주관성을 주제화하고, 그와 함께 이론과 실천을 매개하는 새로운 전망을 제시한다.

최고선의 후기 이론에서 칸트는 감각세계에서 도덕적 목적의 수행 문제와 세계 내에서 자유를 통해 가능한 최고선의 표상을 목적론적인 세계 고찰을 통해 규명하려 한다. 칸트는 『순수이성비판』에서 이미 우리의 세계를 목적론적으로 안내했고, 그것으로 자연 내지 세계의 합목적성 개념을 감각세계와 초감각세계의 합목적적 통일의 실천적 이념에서 정립하고 있다. 그러나 이와 같은 자연의 합목적성은 칸트가 보기에 아직 완전히 자립적인 원리를 포함하지 않고 있다.

『실천이성비판』에서 칸트는 아직도 세계 내에서 도덕법칙의 성취 문제와 유한한 이성 존재 일반의 자연적 목적론에 순수한 도덕적 원리의 적용 가능성에 대한 생각을 보류하고 있다. 그 이유는 『실천이성비판』의 과제가 주로 '이성의 사실Faktum der Vernunft'에서 도덕적 통찰이 직접적으로 주어졌다는 사실을 전개하는 데 있었기 때문이다. 이런 목표에 따라 결국 칸트는 『실천이성비판』에서, 특히 요청론이 주로 논의되는 '변증론'에서, 실천이성은 다양한 주관적 목적 위에 도덕적 목적을 관련시키지 않은 채 '선 자체das Gute an sich'의 개념만을 제시하고 정초하고 있다는 사실을 드러내는 데 주력한다.

이제 『판단력비판』에서 자연의 합목적성의 '선험적 원리das transzendentale Prinzip'가 충분하게 논구된다. 자연의 합목적성의 원리는 자연을 평가하기 위한 가능성에 근거해 있을 뿐 아니라, 도덕적 목적의 수행을 위한 가능성에도 근간을 이루고 있다. 목적론은 최고선을 가능하게 하는 사상의 근간이다. 『판단력비판』에서 칸트는 우선적으로 자연의 합목적성의 선험적 원리를 규정한다. 이 선험적 원리가 자립적이고 근원적인 원리임을 밝힌 칸트는 이 원리를 최고선의 가능성과 결합시키고 있다. 그것으로 그는 『순수이성비판』에서 이론과 실천을 매개 또는 결합하려 한 생각을 구체적으로 드러내고 있다.

행복은 '유한한 의지의 질료적이고 주관적인 목적 규정들의 원리'이다. 이 원리에 근거하여 최고선의 이념은 유한한 의지의 자연적 목적론을 인간의 경험적인 욕구들에 무관하게 전적으로 순수하게 전개되었던 형식적 도덕법칙에 연결시킨다. '자유 사용의 형식적 이성 규정'인 도덕법칙은 책임을, 질료적 조건인 그 어떤 목적에도 종속되지 않고, 자기 자신에 대해서만 지니고 있다. 그런 한에서 여기서는 단지 의지의 법칙에 대한 언급만이 가능할 것이고, 이때의 의지는 자기 목적일 것이다. 그러나 순수의지 그 자체는 결코 자연과 그 어떤 관련도 지니지 않는다. 자연에 대한 순수의지의 관련은 그 순수의지가 선천적a priori으로 세계 내에서 최고의 목적을 세우는 것을 통해서 주어질 수 있다.

『판단력비판』에서 최고선의 이념은 무엇보다 '경험적으로 주어진 세계에서 실현될 수 있는, 실천이성에서 나온 최고의 행위목표'로 간주된다. 여기서 최고선 이념은 '자유에서 비롯된 궁극목적Endzweck aus

Freiheit'으로 특징지어지고, 최고선의 촉진을 위한 책임 또는 의무를 '정언명령의 최종명령Folgegebot des kategorischen Imperativs'으로 표상하게 만든다.

"우리의 자유 사용의 형식적 이성조건인 도덕법칙은 우리를 규정할 뿐 아니라 선천적으로 궁극목적을 규정한다. 도덕법칙은 우리가 이 궁극목적에 힘쓰도록 책임을 부여한다. 그리고 이것[궁극목적]이 자유를 통해 세계 내에서 가능한 최고선이다."(『판단력비판』 423)

최고선은 도덕법칙과 인간의 일치라는 객관적인 조건에서의 행복이다. 이런 행복은 '품위 있는 즐거움der Würdigkeit glücklich zu sein'으로 곧 도덕법칙을 의미한다. 이런 방식으로 행위 개념은 경험적으로 나타나는 세계를 활동적으로 개량한다는 의미를 지니면서 세계 내에서 최고선을 지속적으로 촉진하는 실마리를 지니게 된다.

여기서 우리는 칸트 윤리학의 형식적 정초에 대한 최고선 이론의 '확장'을 경험하게 된다. 이 확장과 더불어 칸트의 실천철학이 '형식적' 윤리학이라는 이름으로 남아있지 않고 내용적인 풍부함을 제공하며, 또한 실천철학은 실천적 의미에서 형이상학의 완성에도 관여한다. 칸트는 이제 좀 더 후기적인 의미에서 최고선 이념을 도덕법칙의 실행을 위한 선천적 원리라는 관점에서가 아니라 유한한 도덕적 의지를 도덕성 위에 적용하는 문제를 연구의 주된 대상으로 삼는다. 최고선의 이념은 그 이념의 '내재적인 사용'과 관련하여 필연적으로 유한한 도덕적 의식의 완전한 개념에 속한다. 따라서 그와 같은 확장은 필연적으로 '유한한 도덕적 의식이론'의 완전한 전개에 속하게 된다.

오직 목적론에 대한 방법론적인 정립 위에서 유한한 이성적 존재는 실천적 이념의 충족 가능성에 비추어 세계와 자기 자신의 합목적성에 대한 개념을 도출할 수 있다. 이와 관련하여 다음의 문장은 매우 의미 있을 뿐 아니라, 아주 적절한 표현이기도하다.

> "자연의 목적론과 인간과 인간 역사의 목적론은 실천적 의도에 따른 가정들이다. 이 가정은 도덕법칙이 인간에 대해 의미를 가진다는 것에 기초하고 있다."[20]

이제 칸트의 후기 최고선 이론은 세계 내에서 최고선의 실현에 대한 명령을 유한한 이성적 존재에 관련시키려는 시도로 이해될 수 있다. 여기서는 이와 같은 명령에 대응하는 유한한 이성적 존재의 능력이 주된 관점으로 논의의 전면에 등장한다. 최고선 이념에 대한 이와 같은 고찰은 이미 칸트의 비판적 윤리학을 내적으로 구축하는 가운데 최고선의 내재적 사용과 관련하여 언급되었다. 여기서 최고선은 도덕법칙에서 비롯되는 것이었고, 우리의 모든 힘을 다하여 촉진되어야 할 대상이었다. 결국 최고선 이론은 칸트 윤리학의 내적인 구축에서 본질적인 역할을 수행할 뿐 아니라, 인간 이성 능력을 고려한 체계의 완성에도 관여하고 있다.

---

20  M. Forschner, Gesetz und Freiheit. Zum Problem der Antinomie bei I. Kant. S. 267

최고선 이론은 모든 행위에서 목적을 세우고 그 행위의 결과에 방향 지워진 유한한 의지의 주관적인 조건에 답변한다.

"어떤 목적 연관 없이 의지 규정은 인간에서 결코 나타날 수 없다. 왜냐하면 의지 규정은 작용[원인] 없이는 있을 수 없기 때문이다."(VI 4)

최고선의 이념은 이성적 행위능력의 총체성Totalisierung에 대한 유한한 주관성의 형식적 요구에 대답한다. 왜냐하면 총체성의 개념은 모든 목적들을 결합하는 아주 특별한 연관점을 도덕적 의무에 부과하기 때문이다.


## 제2절  이성비판의 체계적 완성과 이성관심 개념

최고선 이념의 실현 가능성과 관련하여 우리는 이제 '이성관심Vernunftinteresse'에 대한 개념을 고려하지 않을 수 없다. 왜냐하면 이성관심 개념은 이성 대상의 실현 가능성에 관계하기 때문이다.

"이성관심 개념은 한 대상의 현존에 대한 표상과 결합되어 있다."(『판단력비판』 5)

현실에서 가능한 것으로 간주되어야만 하는 그런 대상에 대한 이성관심은 절대적 이성의 이념에서 나오는 것이 아니라, 단적으로 '유한성' 개념에 놓여있다. 이성관심 개념은 유한성의 범주에 속한다.

윤리학과 최고선의 관계에 관련된 칸트의 '존경이론Achtungstheorie'에도 이미 이성관심의 개념은 중요하게 다루어지고 있다. 도덕법칙에 대한 관심, 즉 도덕적 관심이 바로 '도덕법칙에 대한 존경Achtung fürs moralische Gesetz', 즉 '도덕적 감정das moralische Gefühl'을 의미한다. 그러나 여기서 다루려는 이성관심 개념은 이성비판의 체계적 완성에 관계되는 개념이다. 이성의 체계적 완성과 관련하여 최고선의 이념은 순수이성의 이론적인 사용과 실천적인 사용의 통일을 우리의 전면에 제시할 수 있다는 사실을 드러낸다.

칸트는 이성관심을 두 부분, 즉 이론적 내지 사변적 이성관심과 실천적 내지 도덕적 이성관심으로 구분한다. 또한 이론적 이성관심도 두 기능으로 구분되는데, 즉 한편으로 이론적 이성관심은 경험에 대한 체계적 이론의 고려에서 그 기능을 지닌다. 이 기능에는 인식을 통일하고, 하나의 이론 속에 보편적 법칙들의 개별적인 설명들을 체계화하려는 자연과학의 의도가 속하게 된다. 따라서 그러한 이론적 이성관심은 가능한 경험 대상의 인식에 관계한다. 다른 한편으로, 사변적인 이론적인 이성관심은 가능한 경험을 넘어서는 대상에 관련되어 있는 이성관심이다. 게다가 이 이성관심은 그러한 대상들을 인식하려 하고, 그에 따라 최고의 선천적인 원리들까지 객관적으로 인식하려는 관심이다. 그러나 이러한 이성관심은 순수이성의 본성에 따른 것으로 체계적 전체에 대한 이성의 완성 요구이다. 우리 이성의 사변적 관심을 고려하여 우리 이성의 요구는 '지성의 제약적 인식'을 위해 무제약자를 발견하는 것이다. 이것으로 지성의 제약적 인식의 통일이 완성된다. 따라서 이론적 이성관심은 객관적 세계 인식의 완전성에 대한 관심이고 순수이성의 체계적 통일에 대한 관심이다. 이 이성관심이 순수이성에서 비롯된 개념으로 이념이긴 하나, 필연적인 방식으로 지성사용 전체에 관련되어 있다. 왜냐하면 이 이론적 이성관심은 이성 자체의 본성에 의해 부여된 것이기 때문이다. 이와 같은 이유에서 칸트는 순수이성의 궁극의도를 가능한 경험을 넘어서는 대상 속에서 제시하지 않을 수 없었다. 이 대상들이 '특수 형이상학 metaphysica specialis'의 영역을 형성한다. 즉 신과 자유 그리고 영혼불멸이 그 대상이다.

그에 반해 실천적 이성관심은 정언명령을 자신의 행위의 규정근거로 만드는 유한한 이성 존재의 실제적 능력에 연관되어 있다. 이 관심은 최후의 완전한 목적을 고려한 의지의 규정에 관계한다. 그러나 실천적 이성관심의 경우도, 비록 이론적 이성의 특정한 명제들이 참으로 증명될 수 없었음에도 불구하고, 그 명제들이 실천적 고찰에서는 참이라는 사실이 주된 문제가 된다. 즉 '의지는 자유롭다'와 '영혼은 불멸한다' 그리고 '신은 존재한다'라는 명제들이 실천적 이성의 주된 물음이 된다. 이성의 실천적 관심은 이성을 인간성의 최고 목적에 향하게 한다.

그러나 이성의 이론적 관심과 실천적 관심이라는 구분에도 불구하고 칸트의 본래적인 의도에 따르면 이성관심 일반은 하나의 통일적인 관심이다.

"사실 이성은 단지 하나의 유일한 관심을 갖는다. 이성 준칙들의 다툼은 단지 하나의 상이성이며 하나의 유일한 관심에 충분한 방법들의 상호적인 제한성일 뿐이다."(『순수이성비판』 B 694)

"인간의 이성은 그것의 본성상 건축술적이다. 다시 말하면 인간의 이성은 모든 인식들을 하나의 가능한 체계에 속하는 것으로 고찰한다."(『순수이성비판』 B 502)

칸트의 주된 관점에 따르면, 이성은 자체적으로 존립하는 체계적 전체성을 목표로 하나, 이 목표는 근본적으로 이성의 실천적 관심 속에서만 통찰될 수 있다. 모든 다른 목표와 이론적 사용에 따른 이성 이념들은 결국 '수단으로서als Mittel' 인간성과 이성 자신의 최고의 관심을 표명하는 도덕적 내지는 실천적 목적에 관여하고 있다. 순수이성개념들die reinen Vernunftbegriffe은 순수이성의 사변적 사용에 있어서 단지 이념들die Ideen이다. 그러나 순수이성 개념들이 실천이성을 고려하여 모든 가능한 목적들의 필연적인 통일에서 나온 이념이기에, 이 순수이성 개념들은 근원적인 조건들로 모든 실천적인 것에 규칙으로 기여해야만 한다. 그러나 순수이성의 이와 같은 실천적 사용을 고려하여 칸트는 도덕적 관심에 대해 언급할 뿐 아니라, 우리의 모든 가능한 행위를 위한 하나의 궁극목적Endzweck을 생각하는 관심에 대해서도 언급하고 있다.

"순수이성을 통해 부여되고, 모든 목적의 전체를 하나의 원리에로 포괄

하는 궁극목적의 요구는 형식적 법칙들을 고찰하는 가운데 한 객관(최고선)을 이끌어내도록 확장되는 사심 없는 의지의 요구이다."(Ⅷ 280 Anm.)

칸트의 이와 같은 결론은 도덕적 관심에 따른 것일 뿐 아니라, 형이상학적 단초에서도 주어진다. 즉 순수이성은 오직 실천적 관심 아래에 이성의 다른 관심들을 종속시킴으로써 자신의 고유한 체계적 통일 목표에 도달할 수 있다. 비록 이성이 자신의 이론적 사용을 고려하여 앎의 영역을 확장하고, 총체성의 이념에 기여하면서 체계인 자연의 통일에 가깝게 다가섰지만, 이론적 내지 사변적 이성관심은 이성의 요구를 자신의 궁극목적에 비추어 결코 만족시킬 수 없다. 왜냐하면 이와 같은 관심은 단지 가능한 경험 일반의 인식에만 미치기 때문이다. 따라서 궁극목적과 관련하여 이성은 실천적 사용에로 나아가야 하고, 여기서 자신의 종국적인 만족을 위해 이념들을 추구해야 한다.

사변적 이성이 이성의 선험적 사용에서 마침내 도달한 궁극 의도는 순수이성이념들에 관여한다. 칸트 자신은 이 순수이성이념들의 사변적 관심을 실천적 관심과 결합하는 유일한 수단으로 간주했고, 자연으로부터 자유로의 이행을 가능하게 만드는 이념으로 파악했다.

"그것들[이념들]은 아마도 자연개념으로부터 실천개념으로의 이행을 가능하게 한다. 그리고 그러한 방식으로 도덕적 이념들은 이성의 사변적 인식과 관련되고 이곳에서 거처를 제공받을 수 있게 된다."(『순수이성비판』 B 386)

이념들은 이론적인 앎을 위해서는 과도하나 우리에게는 없어서는 안 된다. 왜냐하면 이념들은 우리 이성의 본성에 의해 절박하게 추구된 것이기 때문이다. 따라서 이념들은, 그 이념의 타당한 영역이 단지 실천적인 것에 놓여있지만, 우리에 대해서는 타당하지 않을 수 없다. 영혼과 세계 그리고 신의 이념들은, 비록 그 이념들이 단지 사변적으로 부과된aufgegeben 것이긴 하나, 실천에 있어 우리에게 마주치지 않을 수 없다. 이념 그 자체는, 그 이념에 대한 어떠한 대상도 경험 속에서 발견될 수 없기 때문에, 이성에게는 거의 유용하지 못할 것이다. 이성의 이론적 관심에서 이념들은 단순히 '규제적 사용ein bloß regulatives Gebrauch'으로 기여할 뿐이다. 그러나 실천에 있어 이성은 영혼이나 세계 그리고 신의 순수 이념들에 대한 이성 자신의 관심을 포기하지 않고, 실천 속에서 이념을 추구하면서, 이 이념들에 대한 필연성을 제공한다.

단순히 사변적으로 부과되었으나 실천에 있어서는 그의 필연적 타당성을 지닐 수 있는 이념들에 대한 통일적인 이성관심에서 우리는 사변적인 고찰에서의 구성을 의미하는 체계의 종결뿐 아니라, 실천적 관련에서의 인간의 도덕적 목적들도 해결할 수 있다. 이런 관심을 고려하여 우리는 최고선 이념과 철학적 체계를 통일하려는 시도와의 관련성을 언급하지 않을 수 없는데, 실천적 이성관심은 또한 최고선을 이끌어 내기 때문이다. 이미 앞에서 논의되었듯이, 최고선의 이념은 순수이성의 이론적 사용과 실천적 사용의 통일을 위한 실마리를 제공할 수 있다. 최고선의 개념은 순수이성의 두 영역에서 나온 성분들로 이루어졌기 때문이다. 즉 자연과 자유 또는 행복과 도덕성이 최고선의 두 주요 성분이다. 칸트가 최고선을 촉진하라는 명령으로 실천이성을 인간성의 최고 목적에까지 확장하듯이, 실천적 이성 관심의 의미도 최고선에 관련된 이성욕구를 통해 순수 도덕적 원리를 넘어 체계적 관심에까지 확대된다.

현실세계에서 최고선의 이념은 자기 자신의 의무를 위해 그 의무의 결과로서 궁극목적을 생각하는 인간 속에서 도덕적으로 작용한 욕구이다. 칸트에 따르면, 이런 욕구는 자연적으로 작용할 뿐 아니라, 도덕적으로도 작동된다.

> "온전하게 받아들여진 우리의 모든 적극적이고 수동적인 행위를 위해 이성에 의해 정당화될 수 있는 그 어떤 궁극목적을 생각하는 것은 우리의 자연적인 욕구에 속한다."(VI 5)

그러나 이런 욕구는 이성에 관련되어 있고 게다가 도덕적으로 작용한 것으로 특징지워지기 때문에, 이 욕구가 인간의 '감각적 경향'으로 파악될 수는 없다. 오히려 이 욕구가 유한한 이성적 존재인 인간의 본성에서 나오기 때문에, 이 욕구는 '감각적'이 아니라 '자연적'인 것이다.

비록 칸트가 도덕법칙 밖에서 우리의 의욕의 대상을 보고 있지만, 도덕적 의지의 대상, 즉 자유를 통해 가능한 최고선은 오직 도덕법칙 자체를 통해서만 이끌려질 수 있다. 궁극목적인 세계에서 가능한 최고선은 예외 없이 도덕법칙과 도덕적 행위를 통해 정의되기 때문에, 이 최고선은 오직 도덕적 행위를 통해서만 실현될 수 있다. 반대로 도덕적 행위는 최고선의 촉진으로 간주될 수 있다. 최고선의 이념이 모든 도덕적 목적을 자체 속에서 결합하는 사실을 통해서 우리는 또한 도덕적 법칙의 확장을 분명하게 제시할 수 있다. 칸트에 따르면, 인간의 모든 행위를 위해서 도덕법칙 밖에서 궁극목적을 생각하는 일은 인간의 자연적 특성에 속한다. 그리고 인간의 이러한 자연적 특성에 관련되어 있는 최고선의 이념을 통해서 실천이성은 도덕법칙을 넘어 확장된다.

> "따라서 [도덕]법칙은 법칙을 불러내기 위해 자신의 규정근거들 아래에서 이성의 도덕적 궁극목적을 수용하는 것으로 확장된다."(VI 7 Anm.)

최고선 개념은 다양하고 상이한 도덕적 목적들을 도덕적 행위 그 자체의 목적 원리 아래에서 통일한다. 모든 도덕적 노력의 대상인 최고선에 대한 이와 같은 규정으로 도덕적 주체의 지평도 변화한다. 왜냐하면 우리의 의지는, 우리의 준칙이 보편적 법칙 부여의 원리로 간주되기를 바랄 수 있는, 그러한 준칙에 따라서만 행위하는 정언명령에 의한 직접적 의무라는 전망을 넘어 모든 도덕적 행위가 기여하는 궁극목적 아래에서 제시되는 전망으로 확장되기 때문이다.

『판단력비판』의 목적론과

최고선

# 제1장

# 자연에서의 목적론과 그 원리들

무제약자를 추구하고, 이 무제약자의 궁극적인 해소와 관련하여 우리의 지성에 인식될 수 있는 자연 질서를 파악하기 위해서 우리는 이러한 자연을 마치 통일적으로 구축되어 있는 것처럼 관찰하려는 유혹을 지니고 있다. 이 의도적으로 구축된 것처럼 생각되어지는 것이 바로 합목적성이라는 개념이다. 통일적인 체계에 따른 인식에 대한 인간 이성의 욕구 속에는 합목적성의 표상을 이론적 영역에서 적용하고, 뿐만 아니라 우리의 인식 능력을 위한 자연의 광범위하게 전제된 적용의 형태 속에서도 사용하려는 근거가 놓여있다. 칸트는 자연 연구를 위한 목적론적 평가의 정당성을 언급한다. 그에 따르면 의심의 여지 없이 우리는 자연을 관찰함에 있어 자연 속에서 합목적성을 전제한다. 세계 내의 사물들은 서로를 위해 존재하고 있다. 칸트 철학의 비판 시기 저술, 특히 〈삼 비판서〉에서 자연이 목적론적 고찰이 여러 번 강조되어 나타난다.

"바로 자연이 질서 지우는 모든 것은 그 어떠한 의도에서 좋은 것이다."
(『순수이성비판』 B 771)

"세계 내의 모든 것은 그 어떤 것을 위해 좋은 것이다. 세계 내에서 헛된 것은 아무것도 없다."(『판단력비판』 300/1)

"자연 속에 놓여있는 모든 것은 그 어떤 유용한 의도에 근원적으로 놓여 있어야만 한다."(『도덕형이상학 정초』 362)

자연의 이러한 목적론적 고찰은 자연이 합목적성의 선험적 원리와 반성하는 판단력의 개념으로서 자연목적을 전제한다는 것을 의미한다. 따라서 목적에 따른 자연 결속의 개념은 어떤 한 원리를 포함하며, 자연의 단순한 기계론에 따른 인과성의 법칙들은 이 원리에 도달할 수 없다고 논구한 칸트는 이 원리를 무엇보다도 자연 내의 생명을 지닌 존재자, 즉 유기체Organismen에서 그것의 주된 특징을 파악하고 있다.

칸트의 경우 자연을 관찰함에 있어 반성하는 판단력의 두 격률 또는 준칙이 문제시된다. 즉 자연을 인식하는 방식으로 기계론과 목적론이 등장한다. 세계 내의 몇몇 존재들, 예를 들어 유기체는 단순히 기계론적으로 인식될 수 없다. 따라서 반성하는 판단력은 그러한 유기체의 고유한 방식을 이해하기 위해 자연목적의 개념을 설정하지 않을 수 없다. 『판단력비판』에서 반성하는 판단력의 선험적 원리는 바로 자연의 합목적성이다. 자연의 합목적성은 자연을 목적들의 목적론적 체계로 바라보고 이 자연을 인간의 문화 위에 설정된 것으로 관찰할 근거들을 부여한다. 그리고 인간의 문화와 자연의 연관성은 인간성을 창조의 궁극목적으로서 인간의 도덕성 위에 준비하려는 것으로 향해있다. 따라서 후기 최고선의 이론을 고려하여 미리 말할 수 있는 바, 자연의 목적론적 고찰은 결국 목적 그 자체 내지 궁극목적에 다다르게 된다. 즉 인간은 목적 그 자체이다. 또는 도덕적 법칙 하의 이성적 본질의 현존은 창조의 궁극목적이다. 여기서 자연과 세계의 목적론적 고찰은 그 끝을 맺는다. 따라서 세계 속의 모든 것은 창조의 궁극목적인 인간에 종속되어 있어야만 한다. 여기서 창조의 궁극목적은 인간 이성 능력의 완전한 전개, 즉 도덕적 행위 속에서 최고점에 이르는 전개로 이해될 수 있다. 결국 목적론적 세계 고찰을 통해 인간의 현존과 그와 더불어 목적론과 목적 그 자체의 관계가 완전하게 설명될 수 있다.

그럼에도 불구하고 자연의 합목적성, 즉 자연목적론Naturteleologie은 인간 현존과 도덕적 목적 가능성의 완전한 설명을 위해 충분하지 못하다. 여기에서 세계 내의 도덕적 목적의 실현의 문제가 발생하고, 그와 더불어 세계창조자Welturheber와 영혼불멸의 요청, 즉 요청론이 필요하기 때문이다. 여기서 칸트는 목적론은 한 학문의 자립적 영역을 결코 가질 수 없고 단지 특별한 인식 능력의 비판, 즉 판단력의 비판에만 관계한다고 생각한다. 따라서 목적론은 신 존재 증명론Theologie을 위한 예비학 또는 이행으로 간주될 뿐이다. 그러나 목적론은 선천적 원리를 포함하고 있기 때문에 이 목적론은 자연이 어떻게 궁극 원인의 원리에 따라서 평가되어야만 하는가에 대한 방법을 부여할 수 있다. 이에 따라 목적론은 적어도 자연과학에 영향을 줄 수 있다. 자연과학과 목적론이 이 자연과학의 대상들의 목적론적 고찰을 위해 부여하는 유인들은 신 존재 증명론과 뒤섞여서는 안 된다. 그러나 마지막에 가서는 자연 속의 합목적적인 형식들은 하나의 지혜로운 세계근원자로부터 이끌려지지 않을 수 없다는 것이 칸트의 기본 입장이다.

### 1) 반성하는 판단력의 원리: 자연 합목적성의 선험적 원리

『판단력비판』에 따르면 자연목적Naturzwecke인 자연사물들Naturdinge의 개념은 곧 반성하는 판단력을 위한 개념이다. 다시 말하면 자연의 합목적성의 원리가 바로 반성하는 판단력의 준칙이라는 것이다. 이러한 관계는 상세한 논구가 필요하다. 그러나 그에 앞서 판단력의 일반적인 의미가 서술되지 않을 수 없다.

칸트는 순수한 원리들에서 비롯된 인식들의 능력을 순수이성이라고 언급한다. 이 순수이성에는 좁은 의미의 지성과 이성도 속하게 되고, 선천적이며 고유한 원리를 포함하고 있는 판단력도 마찬가지로 순수이성에 속한다. 이 순수이성에서 각 능력의 역할과 위치를 살펴보면, 지성은 '보편적인 것das Allgemeine'을 인식하는 능력이고, 판단력은 보편적인 것에 '특수한 것das Besondere'을 종속시키는 능력을 의미하고, 이성은 보편적인 것을 통해 특수한 것을 규정하는 능력을 뜻한다. 이에 따라 이성체계의 완성은 모든 이성 능력의 비판을 통해서만 가능함을 읽어낼 수 있다. 그러나 우리는 여기서 지성과 이성 그리고 판단력의 능력들 사이에는 커다란 차이가 있음을 고려하지 않을 수 없다. 지성과 이성은 대상에 대한 개념을 얻기 위해 대상에 관련된 표상을 지닌다. 지성은 감각 대상인 자연에 대해 그리고 가능한 경험 안에서 자연의 이론적 인식을 위해 선천적으로 법칙을 부여한다. 이성은 자유와 이 자유의 고유한 인과성, 즉 주관에 있어서 초감성적인 것에 대해 그리고 무제약적인 실천적 인식에 대해 선천적으로 법칙을 부여한다. 그에 대해 판단력은 지성처럼 자연 개념을 원리로 삼고 있으나, 결코 선천적 구성적인 인식 원리를 명시할 수는 없다. 지성은 현상들의 총체인 자연에 대해 법칙을 선천적으로 지시한다. 그러나 판단력은 선천적 개념들의 적용에만 관여할 뿐이다. 판단력도 그 스스로 하나의 개념을 부여할 수는 있으나, 그 개념을 통해 어떠한 대상도 인식되지 않고, 그 개념은 단지 판단력에 규칙으로 기여할 뿐이다. 판단력은 단지 주관에만 관련될 뿐이지, 결코 그 자신을 위해 어떠한 대상에 대한 개념도 창출할 수는 없다. 판단력의 원리들은 어떠한 영역도 갖지 못한다. 그 원리들은 결코 대상을 넘어서지 못하고, 그에 따라 객관적 인식에 대해선 전혀 유용하지 못한 원리들이다. 그 이유는 앞에서 드러났듯이, 판단력은 이미 주어진 개념(보편) 아래에 특수한 것을 귀속시키는 능력에 불과하기 때문이다.

현상의 총체인 자연 전체는 지성의 선험적 법칙들에 따라 하나의 체계를 이루어낸다. 지성은 자연의 보편적인 법칙들을 선천적으로 소유하고 있다. 이러한 법칙들이 없다면 자연은 결코 경험의 대상일수 없으며, 경험 일반도 단순히 현상들의 응집Aggregat에 불과하지 결코 체계System로 간주될 수는 없게 된다. 그러나 경험의 세계를 지성의 선험적 법칙에 따른 자연의 체계로 파악한다고 해서, 이러한 자연의 체계로부터 "자연은 경험적 법칙들에 따라서도 인간의 인식 능력에 적합한 체계"(『판단력비판, 제1서론』 208)라는 사실이 도출되지는 않는다. 자연을 경험적인 법칙들에 따라서도 하나의 체계로 파악하기위해서 지성은 또 다른 자연의 질서를 필요로 한다. 그리고 이 질서는 지성에 단지 경험적으로만 인식되어지고 그 때문에 우연적인 것이다. 특별한 규칙인 이러한 질서를 지성은 또한 필연적으로 인정하지 않을 수 없다. 이 특수한 법칙에 따른 자연의 질서 속에 반성하는판단력의 원리가 놓여있다. 반성하는 판단력은 자연의 가능성을 위한 선천적인 원리를 자체 속에 간직하고 있다. 이 원리를 통해 반성하는 판단력은 자연에 대해서가 아니라 자연 자체에 대한 반성을 위해 법칙을 부여한다. 지성은 보편적인 법칙 부여를 통해 자연에 합법칙성을 부여한다. 판단력은 특수한, 경험적 법칙을 매개로 하여 자연에 합목적성을 부여한다. 이에 따라 판단력의 원리는 자연의 합목적성의 원리가 된다.

위와 같은 의미에서 판단력의 원리는 우리의 전체 이성 능력을 비추어볼 때 대단히 중요한 본질적인 역할을 수행한다. 칸트에 따르면판단력은 "인식할 수 없는 초감성적인 것과 자연사물을 관련시키는원리"를 자기 자신을 위해 포함하고 있을 뿐 아니라, 또한 이 선천적원리를 "자연의 인식을 위한 자기 자신의 의도 속에서만"(『판단력비판』 Ⅷ) 필요로 하지 않을 수 없다. 이러한 근거에서 칸트는 판단력의 원리에 다음과 같은 대단히 큰 의미를 부여했다고 생각할 수 있다. 즉 판단력의 원리는 세계 본질의 인식에 적용되어야 하고, 동시에 실천적 이성에도 도움이 되는 통찰을 제공한다. 그러나 이러한 의미에 따라 더 물어볼 수 있다. 어떻게 판단력의 원리가 자연 개념의 영역에서 자유 개념의 영역으로의 이행, 다시 말하면 자연으로부터 자유로의 이행을 가능하게 하는가? 더 나아가 판단력의 원리는 칸트 비판철학의 건축술적인 통일을 위해 얼마나 결정적일 수 있으며, 또한 궁극목적인 최고선을 위해서는 어떤 의미를 지닐 수 있는가?

판단력 일반은 보편 아래에 특수를 종속시키는 능력, 다시 말하면 특수를 보편 아래에 포함되어 있는 것으로 생각하는 능력이다. 그러나 여기서 우리는 반성하는 판단력을 규정하는 판단력과 혼동해서는 안 된다. 자연의 합목적성의 개념은 반성하는 판단력에만 관계된 것이지, 결코 규정하는 판단력에 관계하지는 않기 때문이다. 두 종류의 판단력, 즉 반성하는 판단력과 규정하는 판단력의 방식을 혼동하여 사용하는 것에서 판단력의 '이율배반Antinomie'이 발생한다.

보편적인 것, 즉 규칙 또는 법칙이 주어져 있을 경우, 특수를 보편 아래에 종속시키는 판단력은 규정하는 판단력이다. 반면에 특수만이 주어져 있고, 이 특수를 위해 판단력은 보편을 발견해야 할 경우, 그 판단력은 단지 반성적인 판단력이다. 규정하는 판단력은 종속하는subsumierend, 구성하는konstitutiv 판단력인데, 그 이유는 판단력이 오직 지성의 보편적인 법칙들에만 놓여있고 그에 따라 판단력에는 이미 법칙이 주어져있기 때문이다. 규정하는 판단력은 지성의 법칙들 아래에서 "도식적인schematisch"(『판단력비판』 제1서론 248) 방식을 취한다. 따라서 규정하는 판단력에서는 자연의 원인으로부터 자연 산물을 도출해내는 구성적인 원리가 생각된다. 그에 반해 반성하는 판단력은 고유한 법칙에 따라 "기술적인technisch"(『판단력비판』 제1서론 248) 방식을 취하며, 대상에 대한 반성을 이끌어 내기 위해서만 기여한다. 결국 반성하는 판단력은 현상들을 평가하기 위한 규제적 원리일 뿐이다. 반성하는 판단력은 인식 능력들의 합목적적인 사용을 위한 주관적인 원리, 즉 어떤 대상에 대해 객관적으로는 결코 하나의 법칙도 부여할 수 없는 그러한 대상들에 대한 반성의 원리일 뿐이다.

이제 우리는 판단력의 이율배반을 논의할 수 있다. 그러나 우선적으로 주목해야 할 것은 판단력의 이율배반은 규정하는 판단력에서 발생하는 것이 아니라, 반성하는 판단력을 고려해서만 성립한다는 것이다. 반성하는 판단력은 경험 속에서 자연 법칙들의 인식을 이끌어내기 위해, 경험을 매개로 개념에 도달하기 위해 두 종류의 준칙을 지닌다.

"한 종류의 준칙은 순수한 지성이 선천적으로 판단력에 명시하는 준칙이며, 다른 종류의 준칙은 특수한 원리에 따라 물리적 자연과 그 자연의 법칙들을 평가하기 위해 이성을 활동시키는 특수한 경험들을 통해서 야기된 준칙이다."(『판단력비판』 314)

반성하는 판단력은 한 주어진 대상에서 시작하여 개념, 원리 또는 법칙, 즉 보편을 추구한다. 판단력이 자신의 반성 활동을 위해 서로

서로 모순되는 원칙들을 사용할 때 이율배반은 성립할 수 있다. 판단력의 첫 번째 준칙은, '물질적 사물들과 그 형식들의 모든 산출은 단지 기계론적인 법칙들에 따라서 가능한 것으로 평가되어야만 한다'이며, 두 번째 준칙은, '물질적 자연의 몇몇 산출은 단지 기계론적인 법칙들에 따라서 가능한 것으로 평가될 수 없고, 이러한 자연 산물의 평가를 위해서는 전혀 다른 인과성의 법칙, 즉 궁극 원인의 법칙이 요구된다'를 의미한다.

전적으로 모순되고 대립되어 보이는 이 두 종류의 준칙은, 사실 우리가 반성하는 판단력의 본질적인 특성을 명확하게 드러낸다면, 결코 어떠한 이율배반도 일으키지 않는다. 자연 탐구를 위해 규제적인 원칙들에만 기여하는 반성하는 판단력의 두 준칙을 구성적인 명제로 전환시킬 경우, 여기서는 판단력의 어떠한 모순Widerstreit도 이루어지지 않는다. 구성적인 명제들 간의 대립은 판단력의 이율배반이 아니라, 이성의 법칙 부여에 있어서의 모순이기 때문이다. 구성적인 명제들을 고려한 판단력의 첫 번째 준칙은 인과적 기계론적인 평가의 광범위한 필연성을 의미하고, 그에 반해 두 번째 준칙은 이러한 필연성에 관여하지 않는다. 이에 따라 위의 이율배반은 본래적으로 자연의 기계론과 목적론 사이의 모순을 정식화하지는 않는다.

그러나 오로지 반성하는 판단력을 위한 원칙이 동시에 또한 규정하는 판단력을 위한 원리가 될 경우, 목적론적 판단력의 이율배반은 성립할 수 있다. 반성하는 판단력의 원칙은 다음의 명제를 의미한다.

"궁극 원인들에 따라서 사물들을 공공연하게 결합하기 위해서는 기계론과 구별되는 인과성, 즉 목적에 따라서 행위하는 (지성적인) 세계원인의 인과성이 생각되지 않을 수 없다."(『판단력비판』318)

인간 이성이 단순히 자연의 기계론에 따르고 그리고 이러한 방법만을 취한다면, 우리의 이성은 자연목적의 특수성을 드러내는 것에 대해서 최소한의 근거도 찾을 수 없을 것이고, 그에 따라 자연의 기계론과 목적론을 하나의 원리로 결합시키는 일을 성취할 수도 없을 것이다. 그 때문에 자연에 있어서 어떤 형식을 위해 자연 기계론의 원리와는 전혀 다른 원리를 자연 가능성의 근거로 생각하는 것은 반성하는 판단력을 위해 가능하다. 그러나 반성하는 판단력의 이러한 원리, 즉 기계론과 구별되는 인과성은 단순한 이념일 뿐 결코 어떠한 실재성에도 대응하지 않고, 단지 반성을 위한 실마리에 기여할 뿐이다. 이에 따라 반성하는 판단력의 원리는 자연 기계론의 모든 설명근거에 대해서 열려 있으며, 감각세계에서도 그 의미가 상실되지 않는다. 그러나 반성하는 판단력의 원칙이 규정하는 판단력을 위해서도 사용될 경우, 준칙인 이 원칙은 동시에 객관적인 원리가 될 것이다. 그런데 이 객관적인 원리는 이성이 지시했던 원리이며, 판단력이 규정적으로 종속하지 않을 수 없었던 원리이다. 이러한 상황에서 판단력은 감각세계를 넘어서서 혼돈 속으로 빠지게 되고 결국엔 잘못 이끌리게 된다.

결국 반성하는 판단력의 이율배반은 반성하는 판단력의 원칙이 규정하는 판단력의 원칙과 혼동되었을 때, 다시 말하면 대상을 반성하는 주관적인 원리가 대상 가능성의 객관적인 원리와 뒤바뀌었을 때 성립한다. '자연 산물은 의도적인 행위에 따라서 규정된 원인을 통해서만 가능하다'라는 명제는 규정하는 판단력에 대해서 객관적인 원칙이다. 이 규정하는 판단력에서 대상에 대해 어떤 것이 규정되고 결국 관련된 개념의 객관적인 실재성이 기술된다. 그러나 우리가 우리의 인식 능력의 고유한 소질에 따라 자연 산물의 가능성에 대해 물을 경우, 우리는 그 자연 산물에 대해서 우리의 인과성과는 거리가 먼 유추에 따라, 즉 목적 일반에 따라 의도적으로 작용하는 하나의 원인을 생각하는 것 말고는 달리 판단할 수 없다고 말할 경우, 이것은 반성하는 판단력에 대해서 주관적인 원칙이다. 이러한 경우에는 단지 경험과 경험의 최상의 원리들과의 결합에 있어서 우리 인식 능력들의 사용을 위한 이성의 규정과 우리 인식 능력들의 영역과 범위를 드러내는 본질적인 조건들의 규정이 문제되지, 지성에 의해 주어진 법칙들에 따라야만 하는 대상들의 규정이 문제되지는 않는다. 반성하는 판단력의 원리는 이미 주어진 한 규정근거와의 관련 속에서 자연 산물을 새로운 법칙적인 질서에 따라 관찰하게 하는 실마리를 부여하고, 자연 기계론의 원리가 아닌 다른 원리, 즉 궁극 원인의 원리에 따라서 자연과학의 연구를 확장하게 하는 계기를 부여한다. 따라서 반성하는 판단력의 이율배반의 해결은 목적론적인 평가와 인과 기계론적인 설명이 조우한다는 사실을 가능하게 한다.

이제 자연의 합목적성의 원리와 반성하는 판단력의 원리 사이에는 어떠한 관계가 놓여있는가가 자세히 논의되지 않을 수 없다. 그 이유는 특히 반성하는 판단력의 주관적인 그러나 선천적인 원리가 자연의 합목적성의 원리로 드러났다는 것은, 목적론이 자연 전체를 체계로 드러내기 위한 이론적 근거로 보여지고, 또한 목적론이 자연으로부터 자유로의 이행을 가능하게 하기 때문이다.

자연의 합목적성은 경험적 법칙들 아래에서 자연사물들의 형식을 고려한 반성하는 판단력의 선험적 원리이다. 자연 합목적성의 개념은 단적으로 반성하는 판단력에서 자신의 근원을 지니고 있는데, 그 이유는 자연 산물을 고려해서 우리는 자연 합목적성의 개념을 단지 자연 대상들을 반성하기 위해서 필요한 것이지, 대상 자체의 가능성을 규정하기 위해 설정한 것은 아니기 때문이다. 따라서 자연 합목적성의 개념에는 광범위하게 연루된 경험의 의도 속에서 자연 대상들을 반성함에 있어 우리가 취해야 할 유일한 방식이 보여진다. 반성하는 판단력의 원리는 자연을 조사하는 데 선천적인 근거로 놓여있어야 하며, 단순히 자연 기계론에 따르는 것이 아니라 다양한 특수한 법칙들을 통해 규정된 자연으로 간주된 그런 자연인식의 가능성에 관련되어 있어야만 한다. 그에 따라 자연의 경험적 법칙들을 고려해서, 즉 반성하는 판단력의 원리를 매개로 하여 우리는 자연 속에는 무수히 다양한 경험적 법칙들이 가능하다고 생각하지 않을 수 없다. 물론 이 경험적 법칙들은 우리의 지성에 대해서는 우연적인 것에 불과하다. 여기서 우리는 경험적 법칙에 따른 자연 통일과 경험 통일의 가능성을 우연적인 것으로 평가할 수 있다. 그러나 이러한 자연의 통일이 비록 우연적인 것이라 해도, 만일 우리가 자연 속에서 경험 전체에 대한 경험적 인식들의 광범위한 관련을 고찰하려 할 경우, 우리는 그러한 자연의 우연적인 통일을 필연적으로 전제하고 받아들이지 않을 수 없다.

반성하는 판단력의 본래적인 사용을 위해서는 경험적인 원리가 아니라 선천적인 원리가 있어야만 한다. 반성하는 판단력을 위한 원리는 경험적인 법칙들에 따른 자연의 우연성에 관계한다. 그러나 그러한 우연성을 우리는 직접적으로 경험에서 읽어낼 수는 없다. 단순히 경험적인 원리들을 전제해서는 경험을 체계적인 방식으로 설정한다는 것은 불가능할 것이기 때문이다. 이제 반성하는 판단력은 자연 속에서 특수로부터 보편으로 나아가고 체계적 질서를 세우는 과제를 지니고, 이 과제와 함께 다양한 자연인식을 체계화하는 책임을 부여받는다. 반성하는 판단력은 한 원리를 발견하려 노력한다. 그리고 이 원리의 도움으로 반성하는 판단력은 전체 자연을 질서지울 수 있다. 즉 반성하는 판단력은 전체 자연을 체계로 고찰할 수 있게 하는 하나의 이념을 추구한다.

자연의 산물을 한 종류의 인과성, 즉 궁극 원인에 따라 표상하는 것이 가능하다면, 자연 합목적성의 개념은 받아들여지지 않을 수 없다. 그러나 자연 합목적성의 개념은 반성하는 판단력을 위해 필연적인 개념이다. 따라서 자연의 합목적성 개념은 자연사물 자체의 가능성이 아니라, 우리의 지성에 가능한 자연의 평가에만 관계한다. 자연 합목적성의 개념은 판단력을 위한 이성의 주관적인 원리이며 비록 규제적이지만 우리의 판단력을 위해 필연적인 것으로 간주된다. 이와 관련하여 우리는 자연목적을 단순히 의도적인 것으로 관찰해서는 안 되고, 오직 자연 산물들을 반성하는 가운데서 판단력의 실마리로 덧붙여 생각하지 않을 수 없다. 자연 합목적성의 개념을 단지 규제적 개념으로 사용할 경우, 우리가 자연 산물을 의도적으로 설정하는 한 지성적인 본질을 가정하는 경우에만 우리는 자연 산물을 자연목적으로 인정할 수 있다. 자연목적으로서 전체 자연은 반성하는 판단력을 위한 원리를 통해서 마치 지성이 자연의 다양한 경험적 법칙들의 통일의 근거를 포함하고 있는 것처럼 표상된다. 인간 이성 능력의 소질에 따르자면 인식 능력의 최고 근거를 세계의 원인인 근원적인 지성 속에서 추구하는 것은 필연적인 것이다. 그러나 우리는 지성적 본질의 현존 근거를 객관적으로 서술할 수는 없고, 자연목적에 대한 반성속에서 우리의 판단력의 사용을 위해 단지 주관적으로만 설정할 수가 있을 뿐이다.

## 2) 자연목적으로서 자연산물

자연을 고찰함에 있어서 일반적인 자연 이론의 원칙은 "아무것도 대략적으로 발생하지는 않는다nichts geschehe von ungefähr"(『판단력비판』 296)로 정립될 수 있다. 그러나 이러한 원칙 이외에도 또 다른 원칙이 자연에 설정되지 않을 수 없다. 이 다른 원칙은 "세계 속에서 아무 것도 헛된 것은 없다nichts ist in ihr[in der Welt] umsonst"(『판단력비판』 301)를 의미한다. 이 후자의 원칙 없이 자연과학의 연구자들은 자연을 관찰함에 있어 어떤 방법을 취해야 할 것인가에 대한 실마리를 지닐 수 없게 된다.

자연목적의 개념은 자연 산물의 개념으로 자연의 기계론에 관계하는 자연 필연성을 의미하나, 동시에 목적으로서 자연의 단순한 법칙에 연관하여 대상 형식의 우연성을 의미하기도 한다. 자연사물들의 방식을 목적론적으로 자연 법칙의 개념 아래에서 고찰한다면, 그를 통해 단순한 기계론과는 전혀 다른 사물의 질서 내지는 세계의 질서를 설정할 수 있다. 칸트에 따르면 그러한 이념은 자연 산물의 가능성을 위해 필연적인 것이다. 이러한 이념은 자연 법칙의 선천적 규정 근거로서 표상들의 절대적 통일성이며, 자연 법칙의 한 형식의 인과성에 기인한다. 이에 따라 자연의 목적은 자연 산물 속에 놓인 모든 것에 연관되지 않을 수 없다.

"이러한 자연목적의 개념은 이제 필연적으로 목적들의 규칙에 따른 한 체계로서 전체 자연의 이념을 이끌며, 자연의 모든 기계론은 이성의 원리들에 따라 이 이념에 종속되지 않을 수 없다."(『판단력비판』 300)

이미 앞에서 논구되었듯이, 우리는 자연 속에서 자연목적을 받아들일 만한 충분한 근거를 자연의 합목적성의 개념을 통해서 얻었다.[21] 그러나 자연 산물과 같은 것을 자연목적으로 평가하기 위해서

---

21 『판단력비판』에서 칸트는 합목적성의 개념을 여러 가지 방식으로 논구하고 있다: 주관적 합목적성과 객관적 합목적성, 내적 합목적성과 외적 합목적성. 『판단력비판』 전반부에서 칸트는 우리의 판단력을 위한 주관적인 합목적성을 선험적인 원리들에 따라 논구한다. 여기서 주관적 합목적성은 감각 자극을 통해 또는 취미를 통해 평가될 수 있다. 즉 주관적 합목적성은 '어떤 것은 편안하다'(etwas ist angenehm)와 같은 질료적 주관적 합목적성과 '어떤 것은 아름답다'(etwas ist schön)를 진술하는 형식적 주관적 합목적성으로 구분된다. 이 두 경우에 표상 또는 대상의 의미는 주관에 대해서만 관심을 갖는다. 따라서 대상 자체의 소질은 주관적 합목적성에 대한 판단에서 중심적인 위치를 지니지 못한다. 주관적 합목적성은 사물에 대한 개념에서 정립된 것이 아니라, 단지 감성적인 판단에만 관계할 뿐이다. 다시 말하면 주관적 합목적성은 그의 자유에 있어서 구상력의 놀이(Spiel)에 관여하고 있다.(『판단력비판』 252) 그러나 자연목적을 고려할 경우, 주관적 합목적성이 아니라 객관적 합목적성이 문제시된

는 더 많은 것이 필요하다. 사물을 목적으로 특징짓기 위해서는 사물의 근원에 대한 인과성을 자연의 기계론에서 추구해서는 안 되고 다른 원인에서 찾아야 하는데, 그런 원인을 야기시키는 능력은 이성의 개념 내지 이념을 통해서 규정된다. 한 사물이 이성의 개념 내지 이념 아래에서 파악될 경우, 그 사물은 "기술의 산물Produkt der Kunst"(『판단력비판』286)로서 목적이긴 하나 아직 자연목적은 아니다. 이러한 사물은 자연의 산물이 아니라 단순히 예술 작품에 불과하다. 그에 반해 우리가 한 사물을 원인으로 그리고 동시에 작용으로도 바라볼 수 있

---

다. 객관적 합목적성은 객관적이며 질료적으로 생각되고, 필연적으로 자연목적의 개념을 수반한다. 칸트에 따르면 객관적 합목적성은 "어떤 특정한 목적에 대한 다양한 사물의 연관을 매개로 해서만",(『판단력비판』44) 즉 개념 내지 이성을 통해서만 인식될 수 있다. 그러나 이러한 객관적 합목적성은 단지 그 형식에 따른 것으로 목적 없는 합복석성이다. 나시 말하면 이러한 합목적성은 선천적인 원리에 따라 규정된 단순한 표상에 관계하는 것으로 지성적(intellektuell) 합목적성이라 불린다.(『비교 판단력비판』274/5) 이 목적 없는 합목적성의 개념을 칸트는 『판단력비판』§§10-17에서 자세하게 논구한다. 우리는 이 목적 없는 합목적성을 목적 지향적인 행위의 영역 밖에서 발견한다: "우리가 합목적성의 형식의 원인들을 의지 속에서 설정하지 않는다면, 그 합목적성은 목적 없이 가능하다."(『판단력비판』33) "따라서 우리는 합목적성을 적어도 그 형식에 따라서, 또한 합목적성에 목적(목적적인 결합의 질료)을 근거로 놓지 않고서도 관찰할 수 있고, 대상을 그러나 오직 반성 작용을 통해서 주시할 수 있다."(『판단력비판』33/4)

그에 반해 경험이 고려된 객관적 합목적성은 실재적이며, 이러한 합목적성은 목적의 개념에 의존해 있다. 바로 이 객관적이며 질료적인 합목적성에서 우리는 자연 목적의 개념을 파악할 수 있다. 그러나 이것은 원인과 작용의 관계를 통해서만 가능하다. 원인과 작용의 관계는 두 가지 방식으로 존립한다: 작용이 다른 가능한 자연 본질의 기술(Kunst)을 위한 질료 내지 다른 원인의 합목적적인 사용을 위한 수단으로 간주될 경우, 다시 말하면 자연의 한 사물이 또 다른 사물에 목적을 위한 수단으로 기여한다면, 이때 그 자연 본질 또는 그 사물은 외적인 내지 상대적인 합목적성에 관여하게 된다. 외적인 합목적성은 인간에 대해서는 유익함(Nutzbarkeit)이고 모든 다른 자연 본질에 대해서는 이익((Zuträglichkeit)을 의미한다. 그에 대해 내적인 합목적성에 있어서 작용은 직접적으로 기술산물(Kunstprodukt)로 이미 그 자체가 목적으로 간주된다. 내적인 합목적성은 대상의 완전성이다. 다시 말하면 내적인 합목적성은 "대상의 현실성 자체가 목적인지 아닌지를 고려하지 않은 채, 한 대상의 가능성과 결합되어 있는 합목적성"(『판단력비판』380)이다. 내적인 합목적성과 외적인 합목적성의 구별은 추가적인 규정을 통해 명확하게 표출될 수 있다: 어떤 것이 한 대상에 대해 유익하거나 이익이 되는 경우, 그 대상 자체는 내적인 합목적성을 통해 특징지어지게 된다. 그에 따라 유용성과 이익에 대한 언급은 자연 목적에 관여하게 된다.

다면, 그 사물은 자연목적으로 평가되지 않을 수 없다.

"한 사물이 스스로 원인이고 작용일 경우, 그 사물은 자연목적으로 현존한다."(『판단력비판』 286)

"자연 산물로, 아니 동시에 자연목적으로만 가능하게 인식되는 사물은 그 스스로가 원인과 작용의 상호적인 관계를 지녀야만 한다."(『판단력비판』 289)

이러한 관계, 즉 한 사물이 원인이고 동시에 작용인 관계는 인과 기계적인 설명 안에서는 충분하게 규정될 수 없다.

한 사물이 자연목적으로 간주되는 곳에서는 부분과 전체의 필연적인 관계도 언급하지 않을 수 없는데, 칸트는 한 사물을 자연목적으로 특징짓는 본질적인 요소를 '부분은 전체에 대한 관련을 통해서만 가능하다'라는 언표 속에서 찾고 있기 때문이다.

"한 사물의 부분들은, 그 부분들이 서로서로 상호적으로 그 사물 형식의 원인이고 작용인 것을 통해서, 전체의 통일에 결합되어 있다."(『판단력비판』 291)

따라서 '원인으로 간주된 전체의 표상이 부분들의 표상에 앞서 가고, 부분들의 표상을 통해 다시 전체는 실현된다'라는 사실을 통해서만 우리는 한 사물을 자연목적으로 평가할 수 있다. 칸트에 따르면 자연목적인 한 사물에서 모든 부분은 자연의 '기구Werkzeug', 즉 "다른 부분을 창출하는 기관Organ"(『판단력비판』 292)이다. 따라서 그러한 자연 산물은 "유기체화된 그리고 스스로 유기체화하는 본질"(『판단력비판』 292), 즉 자연목적인 것이다. 유기체는 한 대상, 즉 그 대상의 부분들이 서로서로 합목적적으로 관련되어 있고 전체의 고려 속에 놓여 있는 대상으로 규정된다. 여기서 전체가 부분들을 규정하는 것처럼 보인다. 이러한 상태, 즉 '전체가 부분들을 제약한다'는 사실을 인간의 지성은 결코 자연 기계론에 따라서 설명할 수 없다. 인간의 지성은 단적으로 전체의 이념을 부분들을 위한 이상적인 원인으로 생각하지 않을 수 없다. 그에 따라 우리는 마치 전체의 이념이 부분들의 공동작용을 야기시키는 것처럼 그렇게 유기체를 기술하지 않을 수 없어 보인다.

자연의 기계론은 자연사물들을 통찰하기 위한 필연적인 조건임을 칸트는 그의 저술 여러 곳에서 ―특히 이러한 입장은 『순수이성비판』에서 지배적인 위치를 차지하고 있다― 언급하고 있다. 그럼에도 불구하고 이 자연의 기계론은 자연의 유기적 산물들을 설명하기에는 충분하지 못하다는 사실도 강조하고 있다. 목적의 원리는 자연의 특수한 법칙들을 탐구하는 "인식에 도움을 주는 원리das heuristische Prinzip"(『판단력비판』 355)이다. 자연목적의 개념에서 필연성과 우연성의 두 방식은 서로 함께 포함되어 있다. 여기에는 모순이 놓여있는 듯이 보인다. 그러나 우리가 자연목적의 개념에서 자연사물을 가능하게 하는 근거와 한발 더 나아가 자연 자체를 가능하게 하는 근거를 발견할 수 있을 경우에만 이 모순은 제거될 수 있다. 자연목적의 개념은 오직 경험적으로만 주어지고, 이에 따라 경험 속에 주어진 그 어떤 조건들 아래에서만 가능하다. 그러나 이러한 자연목적의 개념에서 자연의 대상은 경험에 관계하지 않는 이성의 원리에 따라서만 평가될 수 있다. 결국 자연목적인 한 사물의 개념은 '자연을 이성을 통해서만 생각될 수 있는 인과성 아래에 종속시키는 개념'이며, '이 원리에 따라 경험 속의 대상으로부터 주어진 것을 평가하기 위해 필요한 개념이다. 따라서 자연목적의 개념을 논의하는 데 있어 '우리에게 알려지지 않은 자연의 기체Substrat'와의 연관이 본래적인 문제가 된다. 그 이유는 자연목적의 개념은 선행하는 전체의 이념에 일치하며, 그러나 이 이념은 예지적인 것으로, 이와 함께 자연목적의 개념은 초감성적인 영역에까지 뻗어나가기 때문이다.

이러한 논의에 따라 우리는 우리의 현실세계를 기계론적인 설명방식뿐 아니라 목적론적인 설명방식으로도 정당화할 수 있으며, 더구나 이 두 방식은 필수 불가결한 것으로, 오히려 이 두 방식은 서로를 배제하지 않은 채 나란히 존립할 수 있다고 말하지 않을 수 없다. 여기서 우리는 자연목적인 한 사물을 고려해서 '하나의 보편적인 원리'를 고려하지 않을 수 없다. 이 보편적인 원리는 자연 기계론의 원리와 목적에 따른 자연 인과성의 원리를 동시에 포함하고 있는 원리를 의미한다. 특수한 경험적 인식이 지성의 보편적 인식과 일치하는 것은 본래적으로 가능하다. 자연의 두 원리가 하나의 보편적이며 상위의 원리 속에서 통합될 수 있는 방법과 가능성에 대한 근거를 찾지 않을 수 없다. 한편으로는 기계론적으로 도출되고 다른 한편으로는 목적론적으로 유입되는 보편적인 최상의 원리는 바로 현상인 자연에 근거로 놓여있는 초감성적인 것이다. 그러나 이러한 원리는 우리의 이성 능력에 비추어보면 초월적transzendent인 것이다. 여기서 이제 목적론의 보편적인 원칙이 마련된다. 목적론의 보편적인 원칙은 다음과 같이 표현된다.

"인간 지성의 소질에 따르자면 자연 속에서 유기적 본질을 가능하게 하기 위해서는 의도적으로 작용하는 원인 이외의 어떤 다른 원인도 받아들일 수 없다"(『판단력비판』 360)

그러나 목적론의 이러한 원칙은 바로 반성하는 판단력의 준칙이다. 이에 따라 궁극 원인을 고려하여 자연을 설명하려는 체계는 사물을 가능하게 하는 객관적인 원리들에서 존립하는 것이 아니라, 합목적적인 자연 산물의 원인을 단지 평가하는 주관적인 준칙에서 성립될 뿐이다. 따라서 자연의 기계론과 목적론의 두 원리를 결합하는 근거인 자연의 보편적인 원리는 규정하는 판단력이 아니라 반성하는 판단력에서 찾아야만 한다. 그 이유는 자연의 보편적인 최상의 원리는 초감성적인 것에 관계하고 우리의 지성에 있어서는 초월적이기 때문이며, 이를 근거로 규정하는 판단력의 원리는 이질적인 두 원리에 따라 가능한 자연 산물의 가능성을 결코 설명할 수 없기 때문이다.

칸트에 따르면 자연의 준칙인 반성하는 판단력의 원리는 자연목적인 사물들을 평가함에 있어 '두 원리를 결합하는 필연성'을 이끈다. 그러나 이것은 '자연의 기계론이 의도적인 자연의 목적론에 종속될 수 있다'라는 사실을 통해서만 가능하다. 한편이 다른 한편에로의 종속은 자연 합목적성의 선험적 원리, 즉 반성하는 판단력의 보편적 원리에 따라 발생해야 한다. 그와 함께 우리는 자연의 유기적 산물에서 자연을 산출하는 데 기계론적 법칙과 목적론적 법칙의 결합을 가능한 것으로 생각할 수 있다. 그러나 이러한 결합을 가능하게 하는 근거는 우리가 그것에 대해서는 전혀 인식할 수 없는 자연의 초감각적인 기체 속에 놓여있기 때문에, 다시 말하면 우리는 자연 대상을 가능하게 하는 이질적인 두 원리를 결합시킬 수 없기 때문에, 우리는 이 두 표상 방식을 궁극 원인의 결합에 따른 최고의 본질에서 기초 지워진 것으로 평가하지 않을 수 없다. 그러나 최고 본질을 받아들인다 해서 자연사물을 목적론적으로 설명하는 방식이 조금도 감소되지는 않는다. 오히려 자연목적인 자연산물은 세계 전체의 우연성에 대한 가장 월등한 증명을 해명하고, 세계 전체가 세계 밖에 존재하는 (자연사물의 합목적인 형식을 위해) 지성적인 본질에 종속하고, 세계의 근원을 여기 이 본질에서 찾는 유일한 증명근거로 드러난다. 이제 자연의 목적론은 자연의 초감성적인 기체를 규정할 수 있는 가능성을 제시한다. 그러나 이 자연목적론은 자연의 연구를 위한 완전한 해명을 오직 신 존재 증명론Theologie에서 찾고 있다.

# 제2장

# 인간 존재: 최후의 목적과 궁극목적

## 1) 자연목적론과 최후의 목적

자연 속에서 최고의 본질을 추구하려는 자는 우선적으로 자연의 합목적성을 묻지 않을 수 없다. 자연 합목적성의 원리는 위에서 이미 보여졌듯이 목적론적인 법칙에 따라 자연사물들을 결합하고 그를 통해 자연의 가장 큰 체계적 통일에 도달하려는 완전히 새로운 세계정위를 부여한다. 자연 내지는 세계의 새로운 질서는 목적론에 따라 방향 지워져 있다. 따라서 칸트는 목적론적인 체계로서 세계의 고찰을 "인간 이성의 가장 커다란 사용 가능성의 기초"(『순수이성비판』 B 722)라고 명명한다. 그러나 목적론은 근본적으로 어떠한 독단적 앎도 이끌어 낼 수 없는데, 목적 개념은 판단력의 반성 원리에 지나지 않기 때문이다. 단지 이러한 고찰 속에서 목적론은 이성을 통해 야기된 세계의 표상을 정당화한다.

『판단력비판』에서 칸트는 어떻게 판단력의 반성 성과의 토대 위에서 인식의 체계가 획득될 수 있는가를 설명하려고 한다. 그러나 『판단력비판』의 방법론에서 그는 판단력의 행위를 더 이상 자연과학의 이론이성의 영역 속에서 논구하지 않고 가장 보편적으로 세계 내에서 우리의 앎의 형성과 정위를 위한 반성하는 판단력의 성과 능력에 대해 묻는다. 실제로 칸트에 따르면 목적론은 자연과학의 완전한 이론 형성이 아니라, 단지 신 존재 증명론을 위한 예비학에 불과하다. 우리의 삶에서 모든 물음들은 이것이 실천적인 물음이든, 신 존재 증명론적인 물음이든, 아니면 역사적인 물음이든 간에 판단력의 반성 성과를 근거로 설정된다. 여기서 결국 인식 체계 속에서 철학적 분과들의 종결적인 분류가 주어질 수 있다. 우리는 특정한 대상들에 관한 우리의 개별적인 인식들을 자연 전체에 대한 하나의 앎으로 결속시킬 수 있는가 하고 칸트는 묻는다. 그러한 자연의 앎은 체계를 의미하는 것이고 그러나 이러한 체계가 생각될 수 있기 위해선 우리가 자연목적들의 상승적 계열을 형성하면서 훌륭한 근거 위에 자연의 질서를 설정할 수 있어야만 한다. 상승적 계열의 최후의 목표는 최후의 목적, 즉 문화 또는 창조의 궁극목적 다시 말하면 도덕법칙하의 인간으로 특징지어진다. 결국 우리가 자연의 최후의 목적 또는 궁극목적을 명명할 수 있다면 자연 산물들 상호간의 다양한 연관들을 하나의 최고의 점에 관련시키고, 그를 통해 개별적인 대상들 사이의 연관을 설정할 가능성이 주어진다.

목적론을 고려하여 다시 물을 수 있다. 즉 자연 속에서 발견되는 목적들이 어떻게 우리를 모든 사물들의 근원과 근원적 본질 그리고 이 본질의 내적인 소질로부터 자연이라는 개념을 성립시킬 수 있는 상태 속에 설정하는가? 이런 점에서 자연 최후의 목적이 있어야만 한다. 그러나 자연 관찰은 우리에게 자연의 최후 목적을 제시할 수 없다. 모든 자연의 사물은 수단이며 동시에 목적이기 때문이다. 자연 사물들 서로가 영향을 주는 각각의 작용은 상호작용이다. 그 때문에 자연 속의 모든 것은 그 어떤 목적을 위해 좋은 것이다. 그러나 다시 한 번 우리는 묻지 않을 수 없다. 무엇을 위해 한 사물은 있는가, 즉 존재하는가? 여기서 우리는 자연목적인 사물들을 고려하여 그 사물들 현존의 의도적인 근거를 찾지 않을 수 없다. 궁극 원인의 인과성과 이 궁극 원인들에 근거가 되는 이념은 자연목적인 사물들의 가능성에 놓여있다고 말할 때, 이러한 자연 산물의 현존을 또한 목적으로 관찰할 수 있다. 그러나 그러한 자연사물들과 연관하여 그러한 사물 현존의 목적은 그런 사물들 자체 속에 있는 것이 아니라, 그런 사물들 밖의 어떤 다른 자연 본질 속에 놓여있다. 따라서 그러한 자연사물들은 합목적적으로 현존하긴 하나, 목적 그 자체로 현존하지 않고 이러한 목적을 위한 수단으로만 존재할 수밖에 없다. 칸트에 따르면 합목적적인 체계의 표상은 이성에 의해 부여된 것이며, 자연사물들을 합목적적으로 표상하기 위해선 결국 자연을 넘어서는 자연의 최후 목적이 설정되지 않을 수 없다. 따라서 우리는 자연 속에서 자연을 위해서 최후의 목적일 수 있는 것을 찾아야 하며, 그러한 목적으로 받아들일 수 있는 충분한 원인을 가지지 않을 수 없다.

칸트에 따라 이제 우리는 이 자연의 최후의 목적을 인간이 아닌 그 어떤 다른 존재자에게서 찾아낼 수 없다. 칸트는 인간을 자연 최후의 목적으로 간주할 훌륭한 근거를 생각한다. 인간은 지성을 지니고 목적 개념을 설정하고 그의 이성을 통해 합목적적으로 형성된 사물들의 응집Aggregat에서 목적들의 체계를 만들 수 있는 이 지구상의 유일한 존재이기 때문이다. 어쩔 수 없이 이성은 인간을 자연 최후의 목적으로 간주하지 않을 수 없다. 결국 자연 속의 모든 것은 인간을 위해 존재하는 것이다. 목적을 설정하고 자연 대상들을 수단으로 사용할 수 있는 인간의 능력에서 인간은 자연 최후의 목적으로 간주되지 않을 수 없다. 비록 인간도 자연 상태와 자연 법칙들을 자신 속에 이끄는 모든 유기체화된 존재처럼 단지 그러한 하나의 존재에 불과하나 그러나 지성이 부여된 존재이며 이러한 존재 특성을 지닌 인간만이 자연 최후의 목적으로 고려된다. 이러한 자연 최후의 목적에 비추어서만 다른 모든 자연사물들은 목적들의 한 체계를 형성한다. 따라서 칸트는 인간을 "자연의 주인betitelter Herr der Natur"(『판단력비판』 390)으로 높여 부르고 있다.

　『판단력비판』에서 칸트는 자연 최후의 목적인 인간을 두 가지 측면에서 고찰하고 있다. 목적은 자연을 통해서 그 자연의 유익함 Wohltätigkeit 속에서 만족되어 질 수 있으며, 다른 한편으론 모든 목적에 대한 유용함Tauglichkeit이 자연 최후의 목적으로, 이러한 유용함에 자연은 이용되어 질 수 있는 것이다. 다시 말해 자연 최후의 목적은 인간의 행복 또는 문화를 의미한다. 그러나 칸트는 행복을 자연 최후의 목적일 수 없음을 강조한다. 칸트에 따른 지구상에서의 행복은 자연을 통해서 인간 밖과 안에서 가능한 모든 인간 목적들의 총체를 의미하며, 이러한 행복은 모든 목적들의 질료에 관계한다. 이러한 행복이 인간의 전체 목적으로 만들어진다면, 인간의 고유한 현존에 궁극목적을 설정하고 그에 일치할 가능성이 인간에게는 부여되지 않는다. 여기서 주목해야 할 사실이 주어지는데, 칸트는 자연 최후의 목적을 궁극목적과 필연적으로 연관시키고 있다는 사실이다. 궁극목적을 설정할 수 없는 것은 자연 최후의 목적으로도 간주될 수 없다는 것이 이미 전제되어 있다. 즉 자연이 자연 밖에 놓인 궁극목적에 대한 의도에서 설정한 것이 자연 최후의 목적으로 간주될 수 있는 것이다. 그에 따라 행복은 자연 최후의 목적일 수 없는 것이다.

이제 칸트에 따르면 오로지 인간의 문화만이 자연 최후의 목적일 수 있다. 칸트는 자연과 문화를 대립 개념으로 설정하지 않고 있으며, 오히려 특별한 인간적인 자연 상태를 특징짓기 위해 문화 개념을 사용한다. 칸트는 자신의 역사 철학과 연관된 저술들 속에서 상세하게 자연과 문화의 관계를 이끌어 내고 있다. 여기서 '역사 전개는 바로 자연의 계획에 따른다'라는 생각들이 드러난다.[22] 칸트에 따르면 문화는 "임의적인 목적들 일반을 위한 이성적 본질의 유용성 창출" (『판단력비판』 391)을 의미한다. 그러나 문화는 그 임의적인 목적을 설정함에 있어 두 측면에서 언급될 수 있다. 결국 모든 목적을 위한 유용성이 자연에 의해 조성되는 데에는 두 가지 방식이 있다. 즉 문화는 '숙달Geschicklichkeit'의 문화와 '훈육Zucht'의 문화로 나뉜다. 칸트에

---

**22** 역사와 문화의 관계에 대해서는 다음을 참조: K. Düsing, Die Teleologie in Kants Weltbegriff. S. 206ff.

따르면 숙달의 문화는 "목적 일반의 촉진을 위한 유용성의 가장 월등한 주관적 조건"(『판단력비판』 392)이다. 인간이 기술적으로 되어지고 그의 숙달이 점점 증가함에 따라 인간의 임의적인 목적들을 위한 자연의 사용은 더 넓게 열려 있다. 기술의 숙달은 자연의 필연적인 측면이고 결국 자연 최후의 목적에 속한다. 모든 목적을 위한 유용성의 조성은 바로 숙달의 문화로 불린다.

그러나 숙달이 자연사물들과의 관계 속에서 임의적인 목적 설정을 위해 없어서는 안 될 전제이기는 하나, 기술적 숙달이 모든 목적에 대한 유용성과 동일하게 설정될 수는 없다. 기술적 숙달은 모든 목적에 대한 유용성의 전체 영역에 본질적으로 속하는 의지를 조성하지 못한다. 즉 의지의 목적을 규정하고 선택함에 있어서 그 의지를 촉진시키기에 충분하지 못하다. 그 이유는 의지가 욕구의 압제에 지배당하고 우리가 그 어떤 자연사물에 고착된 채 이러한 욕구의 압제에 의해 스스로 선택할 수 없게 될 경우 인간에 대해서 자연은 기술적 숙달을 감소시킬 수 있고 심한 경우엔 억제할 수도 있기 때문이다. 칸트에 따르면 자연 경향들의 훈련Disziplin은 자연의 본질적인 요구이며, 이것은 훈육의 문화를 의미한다.

자연 최후의 목적은 숙달의 문화이던 또는 훈육의 문화이던 자연 속에서 인간의 문화, 즉 자기 자신을 목적으로 설정하고 그 목적을 규정함에 있어 자연에 무관하게 그리고 자유로운 목적들의 준칙Maxime에 합당하게 그 자연을 수단으로 사용하는 인간의 유용성으로 제시될 수 있다. 문화는 정신 형성Geistesbildung이며 의지 형성Willensbildung이다. 따라서 우리는 인간의 문화 속에서 하나의 연관점을 지니는데, 이러한 연관점의 설정이 자연 전체를 하나의 체계로 생각할 수 있게 한다.

그러나 자연 최후의 목적으로서 인간의 문화를 고려해서 하나의 제한이 주어지는데, 즉 자연 최후의 목적으로 문화는 인간을 자연의 한 지배자로 준비시키지 않을 수 없는 것이다. 그런데 이러한 자연 속에는 오로지 이성만이 권위를 가지게 된다. 따라서 문화가 실천적으로 정립된 목적론의 지평 속에서 다시 '준비Vorbereitung'로서 이해되는 한에서, 그 문화는 자연 최후의 목적으로 간주될 수 있는 것이다. 문화는 우리 속에 감추어져 있는 더 높은 목적들을 위한 유용성을 의미한다. 따라서 문화는 언제나 인간은 의지를 지닌다라는 조건하에 놓여있지 않을 수 없다. 이러한 의지는 자연에 종속됨이 없이 스스로 충분한, 즉 궁극목적일 수 있는 더구나 자연 속에선 결코 추구될 수 없는 목적 연관을 자연과 인간에게까지 부여한다. 이러한 사실은 자연 최후의 목적으로서 문화는 필연적으로 궁극목적을 촉진시키지 않을 수 없음을 의미한다.


## 2) 궁극목적과 도덕적 목적론

목적들의 질서 속에서 한 사물이 궁극목적이기 위해선 그 어떠한 자연적 조건에도 종속되어서는 안 되고, 단지 그 사물의 이념에만 의존해야 한다. 칸트는 말하길, "궁극목적은 그 가능성의 조건으로서 그 어떠한 것도 필요로 하지 않는 목적"(『판단력비판』 396)이며 이러한 궁극목적은 무제약적이기 때문에 자연은 이러한 목적을 충분하게 야기시킬 수도 없으며 그러한 궁극목적의 이념에 합당하게 만들어 낼 수도 없다. 감각 본질인 자연 속에서는 궁극목적이 발견될 수 없는데, 자연 속에 드러나 있는 규정근거가 그 어떤 것을 위해 항상 무제약적이라는 사실을 우리는 결코 우리의 자연 속에서 찾을 수 없기 때문이다.

인간이 지성을 지니고 목적을 설정할 수 있는 능력과 자연 조건들로부터 자유롭다는 점에서 자연 최후의 목적으로 간주됐으나, 그러나 이러한 특성을 지닌 인간은 동시에 세계 내의 궁극목적으로도 간주될 수 있는 것이다. 인간은 자연 본질이자 동시에 예지적 본질로도 간주되는 세계 내에서 유일한 존재이다. 예지적 본질로 고찰된 인간에게만 그의 고유한 속성이 보여지는데, 칸트는 이러한 인간의 고유한 속성을 실천이성 법칙은 인간 자신에 의해 무제약적인 것으로 그리고 자연 제약들에 독립적으로 그 자체로 필연적인 것으로 표상되며, 이 법칙에 따라 인간은 목적들을 규정해야만 한다라는 사실을 통해 규정한다. 이에 따라 칸트는 예지적 본질인 인간의 본질적 특성을 다음과 같이 정의한다. 즉 인간은 법칙을 부여하면서 법칙에 종속되어 있다der Mensch ist gesetzgebend dem Gesetz unterworfen. 이러한 본질 속에서 세계 내의 사물들은 무엇을 위해 존재하는가? 라는 물음이 궁극적으로 해소된다.

"도덕적 본질인 인간(세계 내의 모든 이성적 존재)으로부터 그 인간은 무엇을 위해 존재하는가 라는 물음이 더 이상 물어질 수 없다."(『판단력비판』

결국 인간은 궁극목적이며, 인간의 현존은 궁극목적을 자기 자신 속에 포함하고 있다. 세계 사물들 속에서 목적들에 따라 행위하는 최고의 원인을 추구할 때, 인간이 바로 창조의 궁극목적인 것이다. 이러한 궁극목적 없이 서로 서로 종속된 목적들의 고리는 완전하게 정초될 수 없을 것이며, 도덕성의 주체로서 이러한 인간 속에서만 목적들을 고려해서 무제약적인 법칙 부여에 마주칠 수 있으며, 이러한 무제약적인 법칙 부여는 인간을 궁극목적이게끔 하며, 이러한 궁극목적에 전 자연이 목적론적으로 종속되어 있는 것이다.

여기서 창조의 궁극목적의 본질적인 특성이 좀 더 자세하게 논의되어야만 한다. 어떤 점에서 인간이 창조의 궁극목적으로 간주될 수 있는가? 스스로 목적을 설정할 수 있고, 자연을 수단으로 사용할 줄 아는 자연 최후의 목적으로서 인간이 곧 바로 창조의 궁극목적이라는 입장은 아직 충분하지 못하다. 이것은 소극적인 측면에 불과하고, 여기서 칸트는 도덕성의 주체로서 인간만이 궁극목적일 수 있음을 강조한다.

"이성이 선천적으로 부여하는 궁극목적이 세상 도처에 나타날 경우, 이 궁극목적은 그 어떤 다른 것이 아니라 바로 인간(모든 이성적 세계 본질), 특히 도덕법칙 아래의 인간(der Mensch unter moralischen Gesetzen)인 것이다."(『판단력비판』 421)

인간은 자기 자신만이 스스로 부여할 수 있는 가치를 지닌다. 이러한 가치는 인간이 행하는 것, 즉 자신의 자유 속에서 행위 하는 방식 속에서 성립한다. 이러한 가치는 절대적 가치를 의미하지 수단의 가치는 아니다. '인간은 고귀하다'라는 말은 인간은 인격, 즉 자유임을 의미한다. 이러한 고귀함Würdigkeit을 통해서만 인간의 현존은 절대적 가치를 가질 수 있고, 이러한 인격과의 연관하에 세계의 현존은 하나의 궁극목적을 지닐 수 있다. 도덕성하에서만 인간은 목적 그 자체일 수 있는데, 이러한 도덕성을 통해서만 인간은 "목적의 왕국에서 법칙 부여하는 일원ein gesetzgebend Glied im Reiche der Zwecke"(『도덕형이상학 정초』435)[23]일 수 있기 때문이다.

'도덕성의 주체인 인간은 세계의 궁극목적이다'라는 표현은 바꾸어 언급될 수 있다. 인간의 도덕성이 바로 세계의 궁극목적이다, 즉 도덕적 세계의 창조가 바로 세계의 궁극목적이다. 도덕적 법칙은 우리에게 필연적인 것으로 무제약적으로 부여되어 있다. 이러한 법칙은 조건 없이 우리의 이성을 위해서 어떤 것을 목적으로 규정하는 매우 특별한 성향을 지닌다. 따라서 도덕법칙이란, 그 법칙에 따라 이

---

**23** 칸트는 말하길, 창조의 궁극목적은 단지 도덕법칙 아래에 있는 인간을 의미하지, 도덕법칙에 따른 존재일 수는 없다고 한다. 도덕법칙에 따른 본질과 연관하여 칸트는 우리의 이성적 통찰을 넘어서는 개념을 생각한다. 그러한 본질의 개념은 자연과 자유의 연관을 전제하며, 결국 이러한 본질은 자연의 초 감성적인 기체에 대한 통찰과 이러한 자연의 초 감성적인 기체와 세계 속에서 자유를 통한 인과성을 가능하게 만드는 초 감성적인 기체와의 하나임(통일)을 포함해야만 한다. 이것은 세계 창조자로서 신일 수는 있겠으나 인간 자신은 아닌 것이다. 인간은 목적의 왕국에서 한 일원(ein Glied)일 수는 있으나, 결코 주관자(Oberhaupt)는 아니기 때문이다. 그에 반해 도덕법칙 아래에 있는 인간이라는 표현은 인간은 세계 창조자의 권위 속에 놓여있는 도덕법칙에 항상 잘 적응하고 있는 존재자라는 사실을 말해주고 있을 뿐이다. 이러한 맥락에서만 우리는 인격으로서 인간의 현존을 우리의 이성 통찰을 넘어서지 않고서도 창조의 궁극목적으로 언급할 수가 있는 것이다.

성적 본질인 인간은 목적들을 규정하며, 이 법칙은 동시에 인간 자신에 의해 무제약적인 것으로 그리고 자연 제약들로부터 독립하여 그 자체로 필연적으로 표상되어지는 법칙이다. 도덕법칙의 세계가 곧 세계의 궁극목적을 의미하며, 도덕법칙 아래에 있는 인간의 현존, 즉 목적 연관 속에서 자기 자신에 대해 최고의 법칙일 수 있는 이성의 현존은 창조의 궁극목적으로 생각된다.

칸트에 따르면 실천이성이 세계 본질에 하나의 궁극목적을 지시한다. 따라서 궁극목적은 단순히 우리의 실천이성 개념이지, 자연의 이론적 평가를 위해 그 어떠한 경험적 사실에서도 이끌릴 수 없고 자연의 인식에 연관될 수도 없는 목적이다. 궁극목적은 우리 이성의 본성을 통해서 우리의 이성 속에 놓여있는 거부할 수 없는 목적이며, 우리의 이성은 단지 이 목적을 무제약적이며 필연적인 조건으로서 도덕법칙에 종속되어 있고, 이 법칙에 따라 보편적으로 만들어진 것으로 알고자 할 뿐이다. 도덕법칙은 우리에게 우리의 능력 내에서 궁극목적을 촉발할 것을 명령한다. 창조의 궁극목적은 이제 인간 이성 능력의 완전한 전개로, 즉 도덕적 행위 속에서 정점에 다다르는 전개로 이해된다. 즉 "자유 개념에 따른 작용이 궁극목적이다."(『판단력비판』 LV) 그러나 그러한 궁극목적의 현존을 위해서는 자유의 가능성의 조건인 도덕법칙이 자연 속에 전제되어야만 한다.

"이제 우리는 도덕법칙을 통해서 궁극목적의 수행 가능성과 또한 궁극목적에 일치하는 사물들의 본성을 받아들일 근거를 지닌다. 따라서 우리는 한 세계에서 우리를 창조의 궁극목적으로 생각할 도덕적인 근거를 지닌

다."(『판단력비판』 432)

여기서 우리가 간과해서는 안 될 것은, 칸트는 특히 판단력비판에서 궁극목적의 개념을 두 가지 의미에서 서술하고 있다는 것이다. 칸트에 따르면 궁극목적은 도덕법칙 아래에 있는 이성적 존재의 현존, 즉 도덕법칙 아래에 있는 인간이며, 동시에 자기 자신을 위해 노력하는 모든 도덕적 행위의 목표, 즉 최고선을 의미한다. 판단력비판에서 최고선 개념은 도덕적 행위의 궁극목적으로 중심부에 나타난다. 여기서 칸트는 분명하게 자유 개념에 따른 작용으로서 궁극목적과 함께 최고선을 생각하고 있으며, 창조의 궁극목적을 최고선, 즉 가장 최고 세계의 완성이라는 목표로 보고 있다. 최고선의 이념 속에서 이성은 상호 간의 목적 관계에 따른 체계적 통일을 기초하고 이러한 이념을 궁극목적으로 받아들인다. 최고선의 이념은 따라서 세계의 이념으로 궁극목적의 이념이다. 이러한 의미 속에서 창조의 궁극목적은 현존에 따른 궁극목적과 의욕 대상으로서의 최고선을 결합시킨다. 이러한 사실에서 칸트는 최고선 수행의 필요성을 유한한 도덕적 의지 속에서 정초했다는 귀결이 주어진다. 최고선의 가능성에 대한 물음은 『판단력비판』에서 궁극목적의 수행 가능성에 대한 물음으로 정식화된다.

도덕적 행위는 최고선의 실현을 목표로 하고 있다. 즉 최고선은 도덕적 행위를 감각세계에 영향을 줌으로써 이 감각세계를 더 나은 세계로 변화시키려고 한다. 도덕적 목표를 고려하여 도덕적 행위, 즉 자유 개념이 감각세계에 영향을 주는 것이 중심적인 문제로 나타난다. '인간은 자연 과정 속에서 점차로 도덕적 상태에 다가간다'라는 표상은 인간의 도덕적 행위는 사실 감각세계에 유용한 영향을 미칠 수 있다라는 자기 믿음으로 도덕적 주체에 기여한다. 칸트는 이러한 도덕적 행위의 최고 목표를 최고선이라고 특징짓고 있다. 따라서 인간은 도덕적 행위를 위해 하나의 궁극목적을 생각하지 않을 수 없다. 이러한 궁극목적은 "자유를 통해 가능한 세계 속의 최고선"(『판단력 비판』 423)이다. 인간은 이러한 최고선을 수행되어야만 하는 그의 도덕적 행위의 결과로 표상하지 않을 수 없다. 따라서 가장 엄밀한 도덕법칙의 고찰이 최고선 수행의 원인으로 생각되지 않을 수 없다. 이와 함께 우리는 도덕법칙의 확장을 경험한다. 즉 '세계 내에서 가능한 최고선을 너의 목적으로 만들라'라는 문장은 도덕법칙의 확장을 의미한다. 비록 이러한 문장이 도덕법칙을 통해서 도출됐으나, 이러한 도덕법칙에서 분석적으로 설명될 수는 없다. 모든 행위를 위해 법칙 밖에서 하나의 목적을 생각해야만 하는 인간의 본성적 특성에 연관해서만 확장은 가능하다. 이러한 인간적 이성 욕구와 그리고 도덕법칙에서 궁극목적의 확장적 의미가 성립한다. 이것은 특별한 종류의 의지 규정을 의미한다.

최고선의 이념은 두 개의 상이한 성분, 즉 도덕성과 행복을 지닌다. 따라서 궁극목적의 개념 속에도 이 두 요소는 포함되어 있어야 한다. 하나의 궁극목적을 설정하기 위해서는 인간 내지 유한한 이성적 본질은 두 가지 조건을 필요로 한다. 즉 주관적 조건으로서 행복과 객관적 조건으로서 도덕성을 필요로 한다. 따라서 행복도 궁극목적에 속한다. 그러나 이 행복이 '행복한 품위Würdigkeit, glücklich zu sein'로서 도덕성의 법칙과 인간의 일치라는 객관적 조건 아래에 놓여있는 경우에만 궁극목적에 속한다. 이것은 '도덕성에 잘 적용된 행복die der Sittlichkeit angemessene Glückseligkeit'을 의미한다. 『판단력비판』에서 칸트는 궁극목적을 '최고의 세계das Weltbeste'라고 명명한다.

> "이 최고의 세계는 이성적 세계 본질의 가장 커다란 번영과 이 이성적 세계 본질에서 선의 최고의 조건과의 결속, 즉 보편적 행복과 가장 합법칙적인 도덕성과의 결합 속에서 성립한다."(『판단력비판』 429)

그러나 칸트가 항상 주장하듯이 행복 그 자체는 결코 궁극목적일 수 없다. 인간은 행복의 주체로서가 아니라 도덕적 본질로서만 창조의 궁극목적일 수 있기 때문이다. 인간의 상태를 고려해서 행복은 단지 인간 현존의 목적인 궁극목적과의 일치의 척도에 따른 귀결로만 연관되어 있다. 궁극목적의 한 성분인 행복, 그러나 경험적으로 제약되어 있는, 즉 자연의 소질에 의존해 있는 행복을 고려해서 최고선으로서 궁극목적은 두 대립적인 방향에서 논구될 수 있다. 하나는 하향적 논구이고, 다른 하나는 상향적 논구이다. 하향적 논구 속에서는 신의 요청론이 언급되고, 상향적 논구 속에서는 도덕적 목적론이 언급된다.

칸트는 『실천이성비판』에서 뿐만 아니라 『판단력비판』에서도 도덕성과 행복의 일치 가능성에 대한 물음을 신의 요청론을 통해 대답하고 있다. 실천이성은 인간에게 하나의 궁극목적을 부여했고 인간은 이러한 궁극목적의 실현을 의도하지 않을 수 없다. 이 실현되어져야만 하는 궁극목적은 세계 내의 최고선이며 도덕성에 가장 잘 적용된 행복을 의미한다. 그러나 이러한 실천이성의 궁극목적이 실현되어야할 경우, 그것의 원인도 현존하지 않을 수 없다. 즉 궁극목적의 실현이 의도될 경우 이러한 원인도 고려되지 않을 수 없다. 그러나 여기에 하나의 불가피한 어려움이 놓여있다. 궁극목적은 인간에게 의도되어야만 하는 목적으로 부여되어 있으나, 이러한 궁극목적이 인간 자신의 작용일 수 없다는 것이다. 두 가지 근거에서 인간은 이러한 궁극목적을 이끌어 낼 수 없다. 무엇보다도 인간의 물리적 능력은 인간의 목표를 항상 그리고 어느 곳에서라도 관철시키기에 충분하지 못하다. 행복은 인간 궁극목적의 본질적인 한 성분이다. 그러나 행복의 가능성은 자연의 공동작용에 의지해 있고 그와 더불어 행복의 실현은 광범위하게 자연으로부터 기대된다. 따라서 인간이 자연에 내맡겨져 있는 한, 인간은 행복을 창출할 수 없다. 즉 인간은 행복과 도덕성의 일치를 야기시킬 수 없다.

그럼에도 불구하고 이러한 일치는 인간이 포기할 수 없는 인간의 궁극목적이다. 인간 자신은 세계 내의 최고선을 위해 결코 충분한 원인일 수 없다. 그러나 이성은 그러한 작용에 능력 있는 한 원인을 생각할 수 있다. 궁극목적이기 위해서 이러한 원인은 자연에 대해 무제약적인 힘을 지녀야 하고 그 결과 행복의 요소가 항상 보장될 수 있는 것이다. 더구나 이러한 원인은 인간의 도덕성을 인식하고 인간의 가장 내적인 것까지도 통찰할 수 있는 능력을 지녀야 한다. 그러한 원인은 일반적으로 신의 개념 아래에서 표상된다. 인간은 결속력 있는 도덕적인 궁극목적을 지닌다. 그러나 이러한 궁극목적은 창조의 궁극목적으로 도덕법칙 아래에 있는 인간을 의미한다. 그러나 이성은 이러한 궁극목적을 또한 실행할 수 있는 것으로 간주하고자 하는 욕구를 지닌다. 이것은 신의 현존의 수용을 통해서만 가능한 것이다. 신의 현존 내지 신 자신은 자연과 자유의 결합의 유일한 근거, 즉 행복과 도덕성의 일치의 가능성에 대한 유일한 근거로서 표상된다. 그와 더불어 인간은 신은 현존한다라는 사실을 받아들일 실천적 필연성 아래에 놓여있는 것이다.

요청론과 관련하여 최고선의 가능성에 대한 한 특별한 방식을 명백히 하고, 더구나 이 최고선의 이념을 자연목적론으로부터 독립적으로 설명하려는 시도가 의미 있어 보인다. 칸트 자신도 말하길 증명될 수 없고 단지 사유할 수 있을 뿐인 자연목적론적인 신증명론 없이도 최고선의 가능성과 한 지혜로운 세계근원자의 수용은 정당하게 남아있다고 한다. 이러한 주장과 함께 칸트는 최고선의 가능성은 자연 내의 객관적 합목적성의 현존에 결코 의존적이지 않다는 것을 강조하고자 한다. 최고선의 가능성은 자연 내에 객관적 합목적성이 있는지 하는 우연적인 상태에 전혀 의존해 있지 않다. 자연과 자유 사이의 한 합목적적인 연관 내지는 행복과 도덕성의 일치에 더 자세한 모습이 어떻게 주어져 있는가를 인식할 필요 없이도 이러한 합목적적인 연관 내지는 일치를 한 최고의 지성이 완성시켰다는 사실을 믿을 수 있는 것만이 덕을 지닌 주체를 위해 충분한 것이다. 따라서 최고선의 가능성은 그러한 연관과 일치의 수용에까지만 다다르지, 이러한 연관과 일치에 있어서 자연목적론이 어떠한 역할을 하는가에 대해선 아무것도 언급하고 있지 않다. 이러한 의미에서 최고선의 가능성은 어떠한 목적론도 전제하지 않는다고 말할 수 있다.

그러나 우리가 최고선인 궁극목적을 후기의 최고선 이론을 대변하는 입장에서 고찰할 경우, 『판단력 비판』에서 칸트는 자연과 자유 사이의 합목적적인 연관과 행복과 도덕성의 일치를 명백하고 분명하게 목적론적으로 파악했다는 것을, 다시 말해 그러한 연관과 일치는 이미 최고선의 가능성을 위한 논의 속에서 자연이 목적론적으로 도덕성의 촉발에 놓여있을 만큼 특별해질 수 있다라는 사실을 충분하게 읽어낼 수 있다. 그에 상응하는 입장을 뒤징도 언급하고 있다.

"세계 내에서 도덕적 목적들이 이끌려지고, 그를 통해 최고선이 촉진될 수 있는 가능성의 표상은 아마도 목적론적인 세계 고찰을 전제한다."[24]

칸트에 따르자면 자연목적론은 바람직한 확신으로 도덕적 논의에 기여한다. 자연목적론은 궁극목적은 자연 질서에 근거해 있다는 도덕적으로 정초된 전제를 확신하고 있다. 이러한 확신은 이론적 증명으로 파악될 수는 없지만 실천이성의 원리와 반성하는 목적론적인 판단력의 원리 사이의 일치에 대한 표시로 파악될 수 있다.

칸트에 따르면 반성하는 판단력과 선험적 합목적성을 위해 자연을 인간의 문화 위에 기초지어진 것으로 관찰할, 즉 자연을 목적들의 목적론적인 체계로 바라볼 근거들이 주어져있다. 그러나 이것은 통털어서 인간을 창조의 궁극목적으로서 인간의 도덕성 위에 준비시키

---

24  Düsing, K., Das Problem des höchsten Gutes in Kants praktischer Philosophie. S. 37

는 데 있는 것이다. 따라서 우리는 이미 세계의 궁극목적을 전제하지 않을 수 없으며, 이러한 궁극목적과의 연관 속에서 세계 고찰이 바로 가치를 지닐 수 있는 것이다. 게다가 인간 자신이 세계의 궁극목적으로 전제되어야만 하는데, 그러한 전제를 통해서만 절대적 전체로서 목적들의 원리에 따라 고려되는 자연이 왜 인간의 행복과 도덕적 목적들에 일치해야 하는가 하는 이성적 근거를 가질 수 있기 때문이다. 세계의 궁극목적인 인간을 근거로 하여 우리는 세계를 목적들에 따라 연관지어진 전체 그리고 궁극 원인의 체계로 파악할 수 있을 뿐만 아니라, 우리 이성의 소질에 따라서 전 자연을 지성적인 세계원인에 연관시키기 위해서도 우리는 최고의 근거로 이러한 첫 번째 원인의 본질과 특성을 목적의 왕국 속에서 생각하는 원리와 그리고 그러한 개념을 규정하는 원리를 지닌다. 그렇게 규정된 원리를 매개로 해서 최고의 근거는 예지로 그리고 자연을 위해 법칙 부여하는 것으로 생각될 뿐 아니라, 도덕적인 목적들의 왕국에서 법칙을 부여하는 지휘자Oberhaupt로서 생각되지 않을 수 없다. 목적론적인 구도는 도덕적 실천적인 의도 속에서 평가되지 않을 수 없고, 이 구도 속에서 도덕적 세계근원자가 자연과 자유를 서로 조합하는 방법과 방식은 신의 요청론보다 더 자세하게 규정된 것으로 평가될 수 있다. 따라서 자연과 자유의 합목적적인 연관과 행복과 도덕성의 결합 가능성의 근거인 도덕적 세계근원자를 목적론적으로 완성시킴은 가능하기도 하고 허용되어 있다.

자연목적론은 이론적 고찰 속에서 자연 전체의 체계적 통일을 추구하려는 이성의 욕구를 만족시키는 역할을 수행한다. 그런 다음 자연의 합목적성을 통한 자연으로부터 자유로의 이행은 궁극목적의 가능성을 이끈다. 이러한 궁극목적은 원리적으로는 도덕적인 세계근원자의 수용에 의존하고 있지 않다. 합목적적인 연관 속에서 자연과 자유의 개념을 설정한 도덕적인 세계 근원자의 수용은 목적론적인 세계 고찰의 정초에 연결될 수 있다. 따라서 자연목적론은 신에 의해 정초된 자연과 자유 사이의 합목적적인 연관을 내용적으로 더 자세히 규정하고, 점진적으로 도덕적 세계에 다가서게 하는 길을 명확하게 표현하는 가능한 표상으로 간주될 수 있다.

지금까지의 논의를 요약한다면 자연은 목적론적인 체계로 파악되고, 이에 따라 창조의 궁극목적은 도덕적 법칙 아래의 인간임이 드러났다. 이러한 궁극목적은 자기 자신을 넘어서 실천이성의 궁극목적을 지적한다. 도덕법칙 아래의 인간이 바로 궁극목적을 야기시키지 않을 수 없다. 따라서 창조의 궁극목적은 결국 실천이성의 궁극목적, 즉 최고선에로 옮겨지지 않을 수 없다. 이제 창조의 궁극목적은 우리가 최고의 원인을 이 궁극목적에 연관시킬 때만 즉 도덕적 세계근원자의 현존(영혼의 불멸성도 역시)을 전제하고 요청할 경우에만 수행될 수 있는 것으로 간주될 수 있다. 따라서 우리는 이러한 창조의 궁극목적에서 목적에 따라 행위하는 최고의 원인에 궁극목적을 덧붙인 이성을 위해 충분한 근거를 지닌다. 따라서 우리는 다시 창조의 궁극목적의 원인에 대해 물을 수 있는 것이다. 궁극목적이 있다는 사실에 대한 근거는 무엇인가? 최고선을 의욕하는 도덕적 본질이 세계 내에 현존한다는 것에 대한 원인은 무엇인가? 이것은 이성이 신의 이념을 위해 이끌어 내는 물음이다. 목적론 일반은 이것이 자연의 목적론이

든 도덕의 목적론이든 그것의 완성을 신증명론Theologie에서 경험하지
않을 수 없다.

# 제3장

# 자연적 신증명론과 도덕적 신증명론

## 제1절  자연적 신증명론: 최고 현존의 증명 시도

목적론적인 세계 고찰에서 우리는 이미 세계는 최고선의 이념에 기인하는 도덕적 이성 사용과의 일치 속에 있으며, 이 일치에 따라 그 세계는 하나의 이념에서 발생한 것으로 표상되지 않을 수 없다는 것을 보았다. 이를 통해서만 모든 자연 연구는 목적들의 체계에 관여하고, 그 자연 연구가 최고로 확장된 모습이 바로 '자연적 신증명론' 또는 '자연신학'Physikotheologie이다. 그러나 우리는 또 묻지 않을 수 없다. 무엇이 도대체 자연적 신증명론인가? 자연적 신증명론이 가능하기는 한 것인가? 무엇이 자연 개념을 매개로하는 신증명론 또는 신학을 의미하는가?

칸트에 따르면 신증명론은 근원존재에 대한 인식이며, 칸트 자신의 종교저술, 즉 '단순한 이성의 한계 내에서의 종교'의 제목이 잘 보여주듯이, 칸트의 신증명론은 오로지 이성종교만을 의미하지 계시종교나 신적인 자연의 이론적 인식을 의미하는 신지학을 의미하지는 않는다. 여기서 신지학은 도달할 수 없는 것으로 뒤엉켜 있는 이성의 과도한 개념을 의미한다. 『순수이성비판』에서 칸트는 신증명론 일반을 분류한다. 즉 근원존재의 인식인 신증명론은 단순한 이성에서 비롯되든가, 즉 합리적 신앙theologia rationalis 아니면 계시revelata에서 나온 것이다. 또한 합리적 신앙인 신증명론은 '순수이성을 통한, 즉 선험적 개념을 통한 신앙'과 '이성이 자연에서 차용한 순수개념을 통한 신앙'으로 구분된다. 전자, 즉 순수이성을 통한 신앙은 근원존재를 본래적 존재, 실재적 존재 그리고 완전한 존재 등으로 이해한다. 이는 선험적 신 존재 증명론으로 '이신론Deist'을 의미하고, 근원존재가 '세계원인'인 증명론이다. 존재론적 신증명론과 우주론적 신증명론이 여기에 속한다. 반면에 후자의 신증명론, 즉 이성이 자연에서 차용한 순수개념을 통한 신앙은 근원존재를 '최고의 지성'으로 파악한다. 이는 자연적 신증명론으로 '유신론Theist'을 의미하고, 근원존재가 '세계창조자'인 증명론이다. 자연적 신증명론과 도덕적 신증명론이 여기에 속한다.

그러나 칸트는 사변적 신증명론 또는 사변적 신학에서 나온 모든 증명을 비판한다. 칸트는 이 사변적 신증명론을 존재론적ontotheologisch, 우주론적kosmotheologisch 그리고 자연적(물리적)physikotheologiscch 신증명론 등으로 구분한다. 그러나 후자인 자연적 신증명론에는 하나의 특별한 의미를 부여한다. 즉 자연적 신증명론은 실천형이상학을 위한 '예비학Propädeutik'이다. 따라서 여기서 우리는 우선적으로 사변적 신증명론인 자연적 신증명론의 본질적 특성을 논구하고 비판하지 않을 수 없다. 그러나 이 자리에서는 논의 주제에 맞게 신증명론 내지는 최고선의 이념은 목적론과의 관련 내에서만 언급될 것이다. 그런 이유로 우리는 여기서 선험적 신증명론을 직접 다루지는 않고, 다만 자연적 신증명론과의 비교와 관련 속에서 선험적 신증명론의 본질적인 특성만이 개관되고 비판될 것이다.

칸트에 따르면 신의 현존에 대한 명제는 여타의 다른 현존 명제처럼 종합 명제여야만 한다. 그러나 만약 '신은 현존한다'라는 문장이 분석적이라면, 그 현존은 그와 같은 가능한 존재에 대한 단순한 개념에서 도출될 수 있어야 한다. 근원존재에 대한 개념에서 비롯된 신의 현존에 대한 사변적 증명은 칸트에 따르면 두 가지 방식으로 이루어진다.

첫 번째 방식에 따르면, 완전하게 실재하는 존재의 개념에 그 존재의 현존이 놓여있다. 이 방식은 존재론적인 증명이며, 이 증명은, 존재론적인 술어를 통해 오직 근원존재가 광범위하게 규정된 것으로 생각될 수 있는, 바로 그 존재론적인 술어들에서 절대적이며 필연적인 현존을 추론한다. 왜냐하면, 만약 근원존재가 현존하지 않는다면, 그와 같은 근원존재에 실재성, 즉 현존은 결핍되어 있을 것이기 때문이다.

두 번째 방식에 따르면, 필연적으로 현존하는 존재의 개념 속에 최고 실재성의 개념이 놓여있다. 이 최고 실재성의 개념은 '어떤 것이 현존한다면, 그것은 받아들여져야 한다'라는 한 사물의 절대적 필연성이 생각될 수 있는 유일한 방식이다. 이것은 우주론적인 신 증명방식으로, 이 증명은 주어진 우연성으로부터 현존의 절대적 필연성을 추론한다.

칸트에 따르면 근원존재의 현존의 무제약적인 필연성과 근원존재의 개념을 통한 광범위한 규정은 근원존재의 개념에 귀속하는 것으로 오로지 완전하게 실재하는 존재의 존재론적인 개념에 놓여있지 않을 수 없다. 그것으로 모든 사변적 신증명론은 존재론적인 신 증명에로 되돌아가게 된다.

"우리가 필연적인 존재의 현존을 통찰할 수 있다면, 우리는 한 사물의 현존을 그 어떤 개념에서 도출할 수 있어야 한다. 그러나 이것은 최고 실재적 존재의 개념이다. 따라서 우리는 한 필연적 존재의 현존을 최고 실재적 존재의 개념에서 도출할 수 있어야 한다. 그러나 이것은 잘못된 것이다." (XX 332)

자연적 신증명론Physikotheologie은 사변적 이성에서 나온 신의 현존에 대한 증명 방식으로 사변적 신증명론이긴 하나, 선험적transzendental 신증명론은 아니며 자연적natürlich 신증명에 속한다. 따라서 자연적 신증명론은 자연의 현상들과 함께 시작되고, 이 자연현상들을 통해 인식된 특별한 소질과 함께 시작되고, 세계 근원자의 특성과 현존에 따른 이 감각세계의 질서와 함께 시작된다. 따라서 자연적 신증명론은 이 현상 세계에서 시작하여 모든 자연적 질서와 완전성의 원리인 최고의 지성으로 나아간다.

"자연적 신증명론은 (단지 경험적으로만 인식될 수 있는) 자연의 목적으로부터 자연과 그 자연의 특성들의 최고의 원인을 추론하는 이성의 시도이다." (『판단력비판』 400)

칸트는 우선적으로 이 자연적 신증명론을 매우 높이 평가한다. 즉 '자연적' 신증명론인 자연적 신증명론은 신의 현존에 대한 가장 오래되고 가장 분명하고 보편적 인간 이성에 가장 적합한 증명이다. 이 증명 방식은 자연연구에 생기를 불어넣어주고, 그것으로 동시에 항상 새로운 힘을 얻는다. 게다가 이 증명은, 비록 질서와 통일의 원리가 자연 밖에 있는 것이긴 하나, 그 특별한 질서와 통일의 실마리를 통해 우리의 자연인식을 확장 가능하게 만든다. 신의 현존에 대한 이와 같은 자연적 신증명론에서 우리는 다음과 같은 계기들을 발견할 수 있다.

첫째, 세계 내에서 우리는 세계 내의 사물들은 특정한 의도, 즉 궁극원인에 따라서 그리고 내용을 서술할 수 없는 다양함과 범위의 무제한적인 크기의 전체 속에서 질서지워져 있다는 것에 대한 분명한 표시를 본다. 이에 따라 세계 내에서 그렇게 광범위하게 관찰될 수 있는 질서와 합목적성은 철저하게 우연적인 정돈으로 전제되지 않을 수 없다.

둘째, 합목적적인 질서는 세계의 사물들에 매우 낯설게 보이고 단지 우연적으로 연관되어 있기에, 상이한 사물들의 자연은 질서지우는 이성적인 원리 없이는 그 스스로 특정한 궁극의도에 일치할 수 없다.

셋째, 따라서 우리는 그와 같은 우연성으로부터 도덕적 존재, 즉 그런 존재의 특성이 '풍부함Fruchtbarkeit'이 아니라 '자유Freiheit'를 통해 세계의 원인이어야 하는 도덕적 존재를 추론하지 않을 수 없다. 그러나 이 원인의 개념은 그 원인으로부터 인식할 수 있는 아주 특별한 것을 우리에게 주어야 한다. 그리고 이것은 완전히 충족한 존재로서 모든 완전성을 소유한 하나의 존재에 속하지 않을 수 없다. 이것은 이미 우주론적인 신증명에서 제시된 일이다.

넷째, 세계 내지는 자연의 통일성을 우리는 이제 세계 내의 사물들의 상호간의 연관성의 통일로부터 추론할 수 있다. 여기서 세계 내의 사물들은 단순히 '자연기계론Naturmechanismus'에 따른 것이 아니라 '자연목적론Naturteleologie'에 따른 것으로 간주되어야만 한다.

자연적 신증명론에 견주어 이제 자연의 고찰은 합목적성의 가장 외적인 관계에까지 확장된다. 따라서 자연적 신증명론은 형이상학적 논의에 있어 우리의 이론적으로 반성하는 판단력을 위해 지성적 세계원인의 현존을 받아들이기에 충분한 증명근거를 제공하고 있다.

> "이것[자연적 신증명론]은 지성적 세계원인의 개념을 주관적인 우리의
> 인식능력들의 소질에 유독 유용한 개념으로 정당하게 만든다. 그리고 이
> 유용한 개념은 우리가 목적에 따라 분명하게 만들 수 있는 사물들의 가능
> 성에 대한 개념이다."(『판단력비판』 401)

그러나 칸트는 자연적 신증명론이 신증명론과 관련하여 이성의 단순한 사변적 사용에 대한 하나의 시도로 간주된다는 점에서 이 자

연적 신증명론을 비판한다. 자연적 신증명론은 전혀 결실이 없고, 게다가 이 증명론의 내적인 성질에 따르자면 어떠한 가치도 없다. 자연적 신증명론은 최고의 세계원인에 대한 어떤 특정한 개념도 줄 수 없고, 신증명론의 원리에도 충분하지 못하다. 이와 관련하여 칸트는 강조한다. 즉, 오직 도덕법칙을 통해서만 대답될 수 있는 세계의 궁극목적, 이 궁극목적에 대한 물음 없이는 어떠한 이성의 신증명론은 있을 수 없다. 자연적 신증명론을 고려하여 우리는 기껏해야 '세계건축가Weltbaumeister'를 이해할 뿐, '세계창조자Weltschöpfer'를 파악할 수는 없다. 여기서 칸트는 세계건축가를 그 건축가가 다루는 재료의 유용성에 의해 항상 매여 있는, 즉 구속되어 있는 자로 표현한다. 반면에 세계창조자는 모든 것이 그의 이념에 종속되는 완전 자족한 근원존재로 이해된다.

이성의 사변적 사용에 비추어 칸트는 신의 현존에 대한 자연적 신증명론을 더 강하게 비판한다. 칸트에 따르면 자연적 신증명론은 처음에는 자연과 경험의 지반 위에서 훌륭한 출발을 시작했다. 따라서 이 증명은 모든 것을 경험에서 나온 분명한 증명으로 이끌었다. 그러나 이 증명이 더 이상 나아갈 수 없었음에도 불구하고, 이 증명은 신의 현존에 대한 인식을 얻기 위해 거대한 도약을 감행한다. 즉 이 증명은 단번에 경험의 지반을 벗어나 초경험적 영역에로 넘어간다. 전자에서, 즉 경험의 지반에서 모든 것은 경험적인 증거에 따라 이끌려지는 데 반해, 후자의 영역, 즉 초경험적인 영역에서 저 증명은 단순한 가능성일 뿐이며, 모든 것은 경험적인 자연연구 밖에 놓이게 된다. 결국 자연적 신증명론은 초감각적인 영역에서 규정된 개념을 해명하고, 그에 따라 그 개념을 모든 경험의 영역을 넘어서까지 확장한다. 자연적 신증명론은 단적으로 순수이성의 산물인 그런 개념, 즉 이상을 단순히 경험을 통해 해명하려는 대단히 큰 오류를 범하고 있다.

칸트에 따르면 사변적 신증명론인 자연적 신증명론은 우선적으로 우주론적 신증명론으로 환원되고 결국에는 존재론적 신증명론으로 귀속된다. 자연적 신증명론은 맨 처음에 세계의 우연성에서 시작하여—이 우연성은 세계의 질서와 합목적성에서 해소되었다—단지 순수이성 개념을 통해 무제약적으로 필연적인 것의 현존에로 나아간다. 그리고 근원존재의 절대적 필연성의 개념에서 근원존재, 즉 최고의 실재 존재의 광범위하게 규정된 개념으로 나아간다. 그에 따라 자연적 신증명론은 우주론적 신증명론에 근거하고, 그리고 이 우주론적 신증명론은 단지 감추어진 존재론적 신증명론이기 때문에, 자연적 신증명론은 자신의 의도를 실제로 단순히 순수이성을 통해 완성할 수 있다. 자연적 신증명론은 존재론적 신증명론에 단지 '입문서'로 기여한다. 그리고 어떤 경우에 사변적 신증명론이 가능하다면, 존재론적인 신증명론만이 최고의 존재로서 최고로 실재하는 근원존재의 현존에 대한 언제나 유일하게 가능한 증명근거를 지니게 된다.

그러나 목적론 일반을 고려해서도 자연적 신증명론은 제한적인 의미를 지닌다. 즉 자연적 신증명론은 창조의 궁극목적에 대해 그 어떤 것도 제시할 수 없다. 자연적 신증명론은 궁극목적에 대한 물음에 결코 답변하지 못한다. 자연적 신증명론은 지성적 세계원인의 개념을 이론적인 의도와 실천적인 의도 모두에서 규정할 수 없다. 자연적 신증명론은 신증명을 추구하도록 우리를 내모나 신증명을 정립하려는 자신의 의도를 결코 성취할 수 없다. 따라서 자연적 신증명론은 신증명론을 완성해낼 수 없다. 왜냐하면 단지 이성 사용의 이론적 원리에 기인하는 자연적 신증명론에 따르면 우리의 목적론적인 자연 평가를 위해 충분한 신성 개념은 결코 도출될 수 없기 때문이다. 신성 개념은 단지 이성의 도덕적 원리를 매개해서만 도출되기 때문이다.

칸트가 강조하듯이, 결국 세계창조자가 아니라 단지 세계건축가만을 제시하는 자연적 신증명론은 언제나 자연적 목적론에만 머물러 있어야 한다.

> "왜냐하면 자연에서의 목적 연관은 항상 자연 내에서 제약된 것으로 간주되고 또 그래야만 하기 때문이다. 이에 따라 자연 내에서의 목적 연관은, 자연 자체가 그 목적을 위해 존재하고 그 목적을 위한 근거는 자연 밖에서 구해져야만 하는 그러한 목적을 결코 조회할 수 없기 때문이다. 그리고 동시에 최고의 지성적 세계원인에 대한 특정한 개념, 즉 신증명론의 가능성도 저 특정한 목적 이념에 좌우되기 때문이다."(『판단력비판』 402)

따라서 자연적 신증명론의 과제가 그리 큰 것이 아니라면, 즉 신의 현존에 대한 증명에 관여하지 않는다면, 다시 말하면, 자연적 신증명론이 자연적 목적론에 한정된다면, 자연적 신증명론은 신증명론을 정립하여 얻으려는 명성에 적극적으로 대응해서는 안 된다. 자연적 목적론인 자연적 신증명론의 원칙에 따라 단지 우리가 말할 수 있는 것은, 우리의 인식능력의 소질과 원리들에 따라 우리는 자연을 우리에게 알려진 합목적적 질서 속에서 자연이 종속되어 있는 한 지성의 산물이 아닌 그 어떤 다른 것으로 생각할 수 없다는 것이다. 따라서 자연적 신증명론은 최고의 지성을 생각할 수 있고, 이와 더불어 반성하는 판단력을 위한 단순한 자연적 목적론에 머무를 수 있다. 그러나 자연적 신증명론은 결코 신증명을 수행할 수 없고, 그에 따라 자연적 신증명론 그 자체는 이런 의도에도 충분치 못하다. 자연적 신증명론은 '잘못 이해된 자연적 목적론'으로 머무를 뿐이다. 그러나 칸트가 특히 『판단력비판』에서 강조하듯이, '자연적' 신증명인 자연적 신증명론은 다른 사변적 신증명론과는 달리 그 자연적 신증명론의 원리가 좀 더 폭넓게 보완된다면, 신증명을 위한 '준비Vorbereitung' 또는 '예비학Propädeutik'으로 간주될 수 있다. 이제 신증명을 위한 예비학으로서의 자연적 신증명론은 칸트의 도덕적 신증명론과의 관련 속에서 그 증명의 참된 의미를 지니게 된다.

## 제2절  도덕적 신증명론: 최고 본질의 도덕적 증명

도덕적 존재인 인간을 창조의 궁극목적으로 특징짓는 칸트의 숙고는 이성의 사변적 사용에 통용되는 표현이 아니다. 인간이 창조의 궁극목적과 관련되어 있는 것에서는 자연의 한 특정한 이념과 이 자연 속에서 인간의 위치에 대한 특정한 이념을 전개시키는 '반성'이 문제시된다. 그러나 이 반성은 오직 판단력의 실천적 관련 속에서만 그 효력을 지닐 수 있다. 즉 실천철학의 조망 속에서만 반성하는 판단력은 도덕적 존재인 인간을 궁극목적으로 특징지을 수 있다.

"궁극목적은 단지 우리의 실천이성에 대한 하나의 개념이다. 이 궁극목적은 자연을 이론적으로 평가하기 위한 경험의 어떤 자료로부터 도출될 수 없고 자연의 인식에도 관련될 수 없다. 이 궁극목적의 개념을 단적으로 도덕법칙에 따르는 실천적 이성을 위한 것이 아닌 다른 것으로 사용하는 것은 가능하지 않다."(『판단력비판』 432)

그러나 궁극목적으로 인간이 그 어떤 다른 목적에도 기여하지 않는다 하더라도, 즉 인간의 현존이 어떤 특정한 목적도 전제하지 않는다 하더라도, 우리의 이성은 더 나아갈 수 있고 이와 같은 궁극목적의 원인에 대해 물을 수 있다. 즉, 무엇이 궁극목적이 있다는 것에 대한 근거인가? 무엇이 최고선을 얻으려고 노력하는 도덕적 존재가 현실세계에 존재하는 것에 대한 원인인가? 이러한 물음은 우리의 이성을 신성에 대한 이념으로 이끈다. 칸트 자신이 말하듯이, 우리는 창조의 궁극목적 개념을 통해 현실세계에는 목적결합이 있다는 사실을 인정하지 않을 수 없다. 전체적으로 보자면, 이러한 목적결합은 세계 내에서 가능한 최고선, 즉 세계 현존의 목적론적인 최고의 조건을 포함하고 있으며 도덕적 창조자를 의미하는 신성의 가치를 지닌다.

자연적 목적론과 이것의 최고의 단계인 자연적 신증명론은 그의 의도에서 보면 궁극목적의 가능성을 결코 수행하지 못한다. 그 이유는, 비록 자연적 신증명론이 궁극목적의 촉진을 기초하더라도, 이 궁극목적에 가장 우선적인 도덕성이 자연적 신증명론에는 전적으로 결핍되어 있기 때문이다. 우리가 궁극목적을 설정한 그 모든 것은 도덕성에 기초해 있다. 그러나 도덕성 그 자체는 궁극목적 내지는 최고선은 아니다. 도덕성은 세계의 완전성, 즉 최고선에 대한 최상의oberst 조건이긴 하나 완전한ganz 조건은 아니기 때문이다. 그와 더불어 우리는 최고선 개념에서 분리할 수 없는 물리적인 것, 즉 행복과의 결합에 있어 최고선을 제시하기 위해서는 우리의 무능력에 어떤 보충이 필요하다. 바로 그러한 우리 인간의 무능력을 보충하는 자리에 신의 개념이 등장한다. 칸트의 철학적 신 개념은 이성적 사고를 통해 발견된 최고 본질에 대한 표상이다. 그리고 이 최고 본질은 동일한 정도로 자연의 영역과 자유의 영역 모두에서 법칙 부여하는 존재이다. 이성의 이념인 신은 이론적인 탐구의 대상이 아니며 경험의 대상도 아니다. 그러나 신의 이념은 자연과 자유 간의 설명할 수 없는 일치를 이해가능하게 만들기 때문에 대단히 중요하다.

이미 자연적 신증명론에서 드러났듯이, 우리는 단지 자연세계의 인식을 통해서는, 즉 우리 이성의 사변적 사용을 고려해서는 신의 개념과 신의 현존의 증명에 다다를 수 없었다. 만약 이것이 가능하다면, 우리는 이 세계를 가장 완전하게 가능한 전체로 인식해야 하고, 이 완전한 세계를 불러내기 위해서 모든 가능한 세계를 인식해야만 한다. 즉 우리는 이 세계가 오직 신을 통해서만 가능했던 세계임을 말하기 위해 전지全知해야만 한다. 칸트에 따르면 도덕적 신증명론은, 인간 이성이 도덕적이고 실천적인 한에서, 그 인간 이성을 위해서 신의 현존을 충분하게 증명하는 논증이다. 따라서 사변적 의도에 따른 신증명론, 즉 모든 사변적 신증명론은 근본적으로 『순수이성비판』과 『판단력비판』에서 비판되고 있다. 신증명론 일반은 도덕적 존재를 고려해서만 의미를 지닐 수 있다. 다시 말하면 신증명론은 도덕적 인간이 지니고 있는 궁극목적에 관련되는 한에서만 그 의미를 지닐 수 있다.

따라서 우리가 도덕법칙을 문제해결을 위한 실마리로 사용하든가 또는 문제해결에 대한 근거로 제시한다면, 칸트처럼 우리도 우리의 이성을 위해서 신의 인식에 대한 유일한 방식을 발견할 수 있다. 왜냐하면 우리의 이성은 순수이성으로서 이성의 순수 실천적 사용의 최상 원리에서 시작하고, 그와 함께 오로지 순수이성 대상을 규정하기 때문이다. 결국 신증명론은 이론적 의도가 아니라 단적으로 실천적 의도를 지닌 이성에서 성립된다. 그러나 신증명론은 도덕성을 이성의 법칙이나 이성의 궁극목적에 따라 정초하는 데 기여하지는 않으며, 도덕법칙과 관련하여, 즉 실천적 의도에서 하나의 세계에서 가능한 최고선의 이념에 실재성을 부여하는 데 기여할 뿐이다. 이와 같은 이유에서 칸트에게서 신증명론 일반은 '도덕적 신증명론 Moraltheologie'으로 간주된다.[25] 자연적 신증명론이 단지 이념 속에서만 최고원인을 받아들여야만 했던 반면에, 실천적 형이상학의 내용을 다루는 도덕적 신증명론을 통해 궁극목적인 최고선의 개념은 목적론

---

**25** 칸트는 도덕적 신증명론, 즉 '도덕적 신학Moraltheologie'과 신증명론적인 도덕, 즉 '신학적 도덕theologische Moral'을 구별한다. 신학적 도덕도 도덕법칙을 포함한다. 그러나 이 도덕법칙은 최고 세계통치자의 현존을 전제한다. 따라서 신학적 도덕은 신의 의지와 교회의 규범을 행위의 정당성의 근거로 제시한다. 그에 반해 도덕적 신증명론, 즉 도덕적 신학은 도덕법칙에서 정초된 최고 존재의 현존에 대한 확신이다.(『순수이성비판』 B 660 각주)

적 세계질서에 대한 유일하게 가능한 근거로 이해된다.

이미 앞에서 드러났듯이, 자연적 신증명론은 두 종류의 인과성, 즉 자연과 자유의 인과성과 그것의 규칙들이 발견되는 감각세계내의 소질이나 질서 그리고 통일로부터 세계창조자의 특성이나 현존을 추론한다. 즉 자연적 신증명론은 이 현실세계로부터 최고의 존재에로 나아간다. 여기서 최고의 존재는 모든 자연적 질서와 통일의 원리이거나, 또는 모든 도덕적 질서와 완전성의 원리로 간주되어진다. 첫 번째의 경우에 자연적 신증명론이 거론되고, 두 번째의 경우에 도덕적 신증명론이 해당된다. 자연적 신증명론은 자연목적론으로부터 자연의 최고원인과 자연의 특성들을 추론하는 이성의 시도이다. 반면에 도덕적 신증명론은 자연 속의 이성적 존재의 도덕적 목적(이 목적은 선천적으로 인식될 수 있는)에서 저 자연의 원인과 특성들을 추론하는 시도이다.

자연적 목적론이 우리 이성의 요구에 따라 자연적 신증명론으로 필연적인 이행을 수행해야 하듯이, 도덕적 목적론도 역시 도덕적 신증명론에로 넘어가지 않을 수 없다. 그러나 이성적 세계원인의 현존을 생각하게 하는 충분한 증명근거를 제시하는 자연적 목적론과는 달리, 도덕적 목적론은 우리 밖에서 그 어떠한 지성적인 세계원인을 필요로 하지 않는다. 왜냐하면 도덕적 목적론은 우리 자신 속에서 그리고 더 나아가 이성적 존재의 개념 속에서 발견될 수 있기 때문이다. 즉 도덕적 목적론은 우리 자신 속에서 그것의 법칙을 통털어 선천적으로 목적 관련성을 규정한다. 따라서 도덕적 목적론은 필연적으로 인식될 수 있다. 그러나 이와 같은 도덕적 목적론이 우리를 세계 존재 그리고 세계 내의 다른 사물들과 결합된 존재로 관련시키기 때문에, 그리고 그와 함께 우리의 고유한 인과성을 목적에 관련시키고, 더 나아가 궁극목적에까지 관련시키기 때문에, 더군다나 세계를 저 도덕적 목적과 그 목적을 수행하는 외적인 가능성과 상호적인 관련에 관계되기 때문에, 우리는 또한 도덕적 목적론을 고려하여서도 지성적인 원인에 대해 조사하지 않을 수 없다.

"이 도덕적 목적론으로부터 필연적인 물음이 시작된다. 이 물음은 우리의 이성적인 판단을 필요로 하는지의 물음인데, 이때 우리의 이성적인 판단은, 자연을 또한 도덕적인 내적인 법칙 부여와 그 도덕법칙의 가능한 수행과의 관련 속에서도 합목적적인 것으로 표상하기 위해서, 세계를 넘어서는 것이며, 자연을 우리 안에 있는 도덕성과 관련짓기 위해 지성적인 최고의 원리를 조사하는 것이다."(『판단력비판』 419/20)

최고 존재의 이념은, 칸트에 따르면, 사변적 이성 사용이 아니라 실천적 이성 사용에서 기인한다. 따라서 우리의 이성은 이성의 도덕적 원리들을 매개하여 우선적으로 신의 개념을 드러낼 수 있다. 칸트는 신의 개념을 사물들의 근원으로서 '맹목적으로 작용하는 영원한 자연'으로 이해하지 않고, 지성과 자유를 통해서 사물들의 창조자가 되는 최고의 존재로 이해한다. 신으로서 최고 존재의 이념은 선천적으로 우리 안에 근거로 놓여있다. 그러나 이 최고 존재의 이념은 자연적 목적론이 자연 안에서 목적들의 근원에 대해 표상을 할 때 드러나는 부족한 점을 보충하도록 우리를 자극한다. 우리 안에 선천적으로 근거해 있는 최고 존재, 즉 신의 이념은 오직 도덕적 세계창조자에서만 마주칠 수 있다. 이 도덕적 세계창조자의 개념만이 궁극목적을 부여하기 때문이다. 그리고 도덕법칙이 인간에게 궁극목적으로 제시한 것에 그 인간이 합당한 태도를 취한다면, 여기서 도덕법칙 아래에 있는 인간은 곧 궁극목적을 의미한다. 그러나 이와 같은 도덕적 세계창조자는 곧 바로 자연인식의 원리로는 충분하지 않은 모든 사물들의 현존에 대한 궁극목적을 위한 최고의 원인이고 그 원인의 속성들을 지닌 존재이다. 그러한 존재의 최고의 원인과 그 원인의 속성들은 자연 전체를 창조의 궁극목적으로 종속시킬 수 있다. 그에 따라 도덕적 세계창조자는 두 세계, 즉 자연과 자유의 영역에서 '유일한 통치자einziges Oberhaupt'로 간주될 수 있다.

그러나 우리는 실천이성의 법칙인 도덕법칙과 신의 현존과의 연관성을 좀 더 자세하게 논의하지 않을 수 없다. 도덕성의 주체인 인간은 곧 바로 궁극목적인데, 이 궁극목적은 도덕법칙이 촉진하도록 제시한 것이다. 그리고 우리가 어떤 것에서 궁극목적으로 설정한 그 모든 것은 도덕적인 것에 기인한다. 칸트에 따르면 도덕법칙은 단적으로 필연적이다. 그에 반해 신의 현존을 받아들이는 일은 그렇게 필연적이지는 않다. 아마도 이런 사실은 도덕법칙은 신의 현존에 무관하게, 즉 독자적으로 타당하다는 것을 의미할 것이다. 우리는 신의 현존을 수용하지 않고도 역시 도덕적으로 잘 살 수 있는가? 이성적 존재인 우리는 우리 자신을 형식적이고 실천적인 원리인 도덕적 법칙의 규정에 언제나 엄격하게 결속된 존재로 인식하지 않을 수 없다. 그러나 우리가 어떤 현존을 도덕법칙을 수행하게 하는 힘을 가능하게 하는 조건으로 생각해야만 한다면, 그리고 순수실천이성에서 정초된 도덕법칙이 우리의 행위들의 '도덕적 평가를 위한 원리'로만 충분하고 수행가능성, 즉 '수행력Ausführbarkeit'을 그 자체로는 지니고 있지 못하다면, 우리는 도덕적 세계원인을 받아들이지 않을 수 없게 된다.[26] 그리고 이러한 도덕적 세계원인에 의해서만 우리는 도덕법칙에 합당한 궁극목적을 전제할 수 있다. 따라서 도덕법칙은 그러한 궁극목적의 도달 가능성이 동시에 약속되지 않고서는 최고선인 궁극목적을 촉진하라고 제시할 수 없다. 그리고 궁극목적의 도달 가능성에 대한 근거는 동시에 도덕적 법칙부여자이면서 세계창조자에서 찾아질 수밖에 없다.

"도덕은 신증명론 없이도 자신의 규칙과 더불어 존립할 수는 있으나, 신증명론 없이는 자신이 제시하는 궁극의도와 더불어 존립할 수는 없다."
(『판단력비판』 482)

우리는 이제 위와 같은 신의 현존의 증명방식을 자연적 신증명론과 도덕적 신증명론 간의 비교를 통해 좀 더 자세하게 논의하려 한다. 앞 장에서 이미 보았듯이, 칸트는 사변적 신증명론의 모든 증거력을 근본적으로 비판한다. 그러나 칸트는 또한 사변적 신증명론을

---

**26** 도덕적 신증명론은 객관적으로 타당한 신의 현존에 대한 증명을 분명하게 제시하는 것이 아니라, 주관적이고, 도덕적인 존재를 위한 충분한 논의이다. 한 인간이 자신의 도덕적 규정을 신뢰하고 동시에 도덕적으로 결과에 대해 생각하고자 하는 경우에만, 그는 신의 현존을 자신의 실천적 이성의 준칙 아래에서 받아들이지 않을 수 없는 것이다.

인정하려 한다. 그러나 그 인정은 모순되지 않는 증명들의 권리에서 가 아니라, 인간 이성 속에서 그 어떠한 공허함도 남겨놓지 않으려 는 마음에서 비롯된 것이다. 따라서 최고의 완전성과 근원적 필연성 에 따른 단순한 이성이념들을 통해 신의 현존을 규정하려는 사변적 증명의 결핍을 충족시킬 수 있는 신증명론이 있다면, 다시 말해 하나 의 신증명론이 도덕법칙을 근거로 삼을 수 있거나 또는 실마리로 사 용할 수 있다면, 사변적 신증명론도 역시 의미 있는 증명일 수 있을 것이다. 칸트는 사변적 신증명론의 중요한 의미를 『순수이성비판』뿐 아니라, 『판단력비판』에서도 언급하고 있다. 그러나 『순수이성비판』 에서는 사변적 신증명론이 선험적 신증명론으로 주로 논구되고, 『판 단력비판』에서는 사변적 신증명론이 자연적 또는 물리적 신증명론 으로 논의된다.

칸트에 따르면 선험적 신증명론은 최고 존재의 현존에 도달하기 에는 적절하지 못하다. 그러나 선험적 신증명론도 커다란 유용성을 지닌다. 즉 선험적 신증명은 신 증명 속에서 드러난 최고 존재의 현 존에 대한 인식을 제대로 정립하게 만들고, 그 최고 존재의 현존에 대한 인식을 모든 지적인 의도와 일치하게 만들며, 또한 이러한 인 식을 필연적이며 가장 실재적인 존재의 개념에 반反하는 모든 것으 로부터 그리고 단지 현상에 속하는 모든 것으로부터 제거한다. 사변 적 신증명론이 단지 순수한 이념만을 문제시한다면, 그리고 이 순수 한 이념이 바로 '선험적인 척도transzendentales Richtmaß'를 의미한다면, 단 순한 사변적 사용에 있어 신증명론은 우리 이성의 '끊임없는 감시 beständige Zensur'이다. 따라서 최고 존재, 즉 신의 개념은 단순히 사변적

이성 사용을 위해서는 단지 하나의 이상이나, 그럼에도 '결점 없는 이상fehlerfreies Ideal'으로 남아있게 된다. 이런 이상은 모든 인간 인식이 그것에로 귀결되고 왕관을 씌워 주는 그러한 이상이다. 그러나 그러한 이상의 객관적 실재성은 사변적인 과정을 통해서는 결코 증명될 수 없고 또한 반박될 수도 없다. 신증명론은 모든 다른 순수 이념들처럼 사변적 사용에 있어서는 문제로 남아있다. 그러나 실천적인 관련 속에서 최고의 자족적인 존재가 전제되어야 한다면, 다시 말해 사변적 신증명론의 부족함을 보충할 수 있는 도덕적 신증명론이 성립한다면, 선험적인 신증명론은 여기서 커다란 역할을 담당할 수 있을 것이다. 즉 선험적 신증명론은 필연적이며 최고로 실재하는 존재인 최고의 예지 개념을 그의 선험적 지평 위에서 충분히 규정하고 동시에 신의 현존에 대한 모든 대립적인 주장들을 깨끗하게 정리한다. 그 자체로는 문제로 남아있던 선험적 신증명론은 이제 도덕적 신증명론을 매개로 해서 없어서는 안 될 입장이 된다.

『판단력비판』에서 칸트는 자연적 신증명론에 하나의 특별한 의미를 부여한다. 즉 자연적 신증명론은 실천적 신증명론을 위한 '예비학'의 의미를 지닌다. 이에 따라 우리는 단적으로 말할 수 있다. 즉 자연적 신증명론은 도덕적 신증명론의 수용을 매우 촉진할 수 있다. 신의 현존에 대한 물리적이며 자연적인 증명근거는 신증명론에는 충분하지 못하다. 왜냐하면 물리적이며 자연적인 증명근거는 신증명론의 의도를 위해 충분하게 규정된 최고 존재의 개념을 부여할 수 없기 때문이다. 그러나 물리적이며 자연적인 증명근거는 세계 고찰에 있어 우리의 이성을 목적들의 길로 안내하는 데 기여한다. 물리적이며 자연적인 증명근거가 목적론적인 세계 고찰을 통해 자연 자신은 스스로 제시할 수 없는 궁극목적의 이념에 대한 동기를 줄 수 있다는 것을 통해, 다시 말해 물리적이며 자연적인 증명근거가 도덕적인 증명을 수용할 수 있도록 만들 수 있다는 것을 통해, 그와 함께 실천적 신증명론의 요구를 느낄 수 있게 만들 수 있다는 것을 통해, 물리적이며 자연적인 증명근거, 즉 물리적 신증명론은 본래적인 신증명론을 위한 '이행' 또는 '과정'으로 간주될 수 있다. 이러한 이유에서 칸트는 물리적 목적론적 논의는 존경의 가치가 있다고 말한다. 게다가 신의 현존의 물리적 목적론적 증명과 관련하여 칸트는 말한다. 즉 물리적 목적론적 증명근거는 도덕적인 증명근거와 은연중에 결론에서 결합되어 있다. 도덕적 증명근거는 모든 인간에 머무르고 있고 그 인간을 가장 내적으로 움직이게 한다. 그리고 이러한 도덕적 증명근거에 따라 우리는 매우 무규정적으로 자연목적들에 드러나 있는 한 존재에 역시 하나의 규정된 개념, 즉 궁극목적을 부여하게 된다.

우리는 이제 물리적 목적론적 증명근거에 고착되어 있던 결함을 고려하여 저 도덕적 논의를 보충하지 않을 수 없다. 자연적 신증명론은 신의 현존의 완전한 증명을 위해 보완을 필요로 한다. 그러나 이와 함께 우리는 또한 물을 수 있다. 즉 도덕적 신증명론은 단지 자연적 신증명론의 완성을 위한 보충적인 이론인가? 또는 도덕적 신증명론은 물리적 목적론적 증명과는 무관하게 전혀 다른 증명 방식을 필요로 하는가?

칸트의 말에 따르면, 자연적 신증명론은 세계 내의 최고의 원인을 생각하는 반성하는 판단력을 위한 충분한 근거를 부여한다. 이 표현과 관련하여 칸트는 또 말한다. 즉 목적과의 도덕적 연관과 그러한 법칙부여자와 세계창조자의 이념은, 이 이념의 개념은 단지 신증명론적인 것으로 순전히 부가적인 것인데, 마찬가지로 물리적 목적론적 증명근거 자체에서 발전되어 나온 것처럼 보인다. 이에 따라 우리는 아마도 도덕적 신증명론을 단지 자연적 신증명론이 최고로 발전된 단계로 파악할 수 있을 것이다. 그러나 이것은 칸트의 주장이 결코 아니다. 왜냐하면 칸트는 언제나 자연적 신증명론은, 그것이 비록 신증명론에 관련되어 있다 하더라도, 이성의 최고의 실천적 사용을 위해 신의 개념을 충분하게 규정하는 신증명론을 제공할 수 없고, 그것의 증명력을 쓸모 있게 정립할 수 없다고 강조하기 때문이다.

신증명론을 위해 충분한 신의 개념을 부여하기 위해서 그리고 신의 현존을 추론하기 위해서 결국 우리는 하나의 특별한, 물리적 목적론적 증명근거들에 완전히 무관한, 증명방식을 필요로 한다. 이 특별한 증명은 단지 신의 현존을 이성의 실천적 그러나 또한 필연적 고려에서 증명하고, 그것으로 물리적 목적론적 증명에서 나온 확신의 부족함을 대체한다. 따라서 이 증명, 즉 도덕적 신증명론은 본래적으로 완전한 증명을 위해 물리적 목적론적 증명, 즉 자연적 신증명론을 보충한다. 그러나 또한 이 도덕적 신증명론은, 비록 이 증명이 세계에서 자연적 목적론을 위해 그 어떠한 질료도 주지 못함에도 불구하고, 항상 자신의 힘을 지니고 있다. 물리적 목적론적 증명이 수용해야만 하는 최고원인의 개념은 도덕적 증명을 그러한 최고의 원인에서 충분히 정초하지 못한다. 따라서 도덕적 증명은 그 자체로 결코 어떠한 도덕성도 지시하지 않는 물리적 목적론적 증명을 하나의 다른 증명,

즉 도덕적 증명으로 보충하는 데 기여하지 않는다. 이와 같은 칸트의 주장에는 두 종류의 아주 이질적인 자연과 자유의 원리들은 단지 두 가지 상이한 증명방식만을 부과할 수 있다는 생각이 놓여있다.

도덕적 신증명론은 선천적으로 우리의 이성에서 분리될 수 없는 원리들, 즉 도덕법칙에 기인한다. 그리고 그것으로 도덕적 신증명론은 우리 이성의 '내재적 사용'에 놓이게 된다. 칸트에 따르면, 도덕적 신증명론만이 신증명론의 가능성을 위해 필요한 모든 것에 충분한 것이다. 즉 도덕적 신증명론은 도덕법칙에 따른 최고의 세계원인에 대한 특정한 개념에 충분하다. 그리고 이 개념만이 우리의 도덕적 궁극목적에 만족할 수 있다. 따라서 신증명론의 대상에 대한 특정한 개념은 오직 도덕적으로 취급되어야만 한다. 그러한 취급은 신의 현존을 단지 우리의 도덕적 규정을 위해, 즉 실천적 의도에서 충분하게 서술할 수 있다. 도덕적 신증명론은 신증명론에 유용한 하나의 유일한 세계창조자의 개념을 오직 단독으로 만들어낼 수 있다.

그러나 도덕적 신증명론에도 하나의 제한이 가해지지 않을 수 없다. 도덕적 신증명론은 우선적으로 신의 현존의 필연적인 수용을 이끈다. 그러나 이와 같은 수용은 우리의 이론적 앎의 영역에 속하지는 않는다. 신의 현존 내지는 최고의 도덕적 근원존재자의 현실성은, 신의 현존을 고려하여 어떤 것을 신학적으로 규정하지 않은 채, 오직 우리 이성의 실천적 사용을 위해서만 충분하게 기술될 수 있다. 우리의 사변적 이성 사용을 고려하여 신의 현존은 인식의 대상이 아니라, 단순한 사유의 대상일 뿐이다. 생각할 수 있는 모든 것의 가능성의 최고의 최상의 조건을 포함하고 있는 존재자는 모든 존재 중의 존재, 즉 신증명론의 대상이다. 그러나 우리는 신증명론의 대상인 이러한 최고의 근원존재를 자연의 고찰을 통해서는 인식할 수 없다. 따라서 최고의 근원존재는 우리에게는 탐구할 수 없는 것으로 남아있게 된다. 그러나 이것은 아마도 인간 이성을 위해서는 '참된 심연wahre Abgrund'을 의미할 것이다.

신의 현존은 우리의 사변적 이성에서 단지 사유 가능성으로 간주되어야만 하고, 그에 따라 우리 이성이 어떠한 조건들에서 최고선의 도달 가능성을 생각할 수 있는 그러한 조건들에서 나온 '참으로 간주Fürwahrhalten'할 만한 주관적인 근거이지 않을 수 없다. 신의 현존에 대한 우리의 요구는 우리가 사변에 있어 이성 사용의 완성에로 나아가고자 할 때 수용해야만 하는 사변적인 의도를 고려한 '가정적인hypothetisches' 요구가 아니다. 신의 현존에 대한 우리의 요구는 '법칙적인gesetzliches' 요구, 즉 단적으로 필연적인 의도에서 나온 요구인 것이다.

신의 현존과 관련하여 칸트는 자신의 모든 비판저술, 즉 『순수이성비판』과 『실천이성비판』 그리고 『판단력비판』의 마지막 장에서 각 비판의 종결적인 의미에서 '참으로 간주함Fürwahrhalten'이라는 표현을 논구한다. 칸트에 따르면 '참으로 간주함'은 "우리의 지성 속에 주어진 것으로, 이 주어짐은 객관적인 근거들에 기인할 수 있으나 또한 판단하는 자의 심성 속에서 주관적인 원인을 요구한다."(『순수이성비판』 848) 참으로 간주할 만한 모든 것은, 그것이 직접적으로 경험적인 것에 기인하든 또는 원리들로부터 선천적으로 이성에서 기인하든지 간에, '설득Überredung'이 아니라 '확신Überzeugung', 아니면 적어도 확신하는 작용에 관계한다. 이와 같이 확신하는 작용을 매개해서만 증명 근거와 추론은 단순히 갈채를 받는 주관적인 규정근거가 되는 것이 아니라 객관적으로 타당한 그리고 인식의 논리적 근거일 수 있다. 참으로 간주함은, 그것의 근거가 객관적으로 충분하다면, 확신이라고 불린다. 그에 반해 단지 주관의 특별한 소질에서만 그 근거를 지니는 것은 설득이라 불린다. 그러나 칸트는 참으로 간주함을 세 단계로 분류한다. 즉 의견Meinen: opinabile, 앎Wissen: scibile 그리고 믿음Glaube: mere credibile이다.

의견은 사물들에 속하는 것에 대한 개연적인 판단이다. 이것은 단지 현실적으로 주어진 어떤 것에 대한 설명근거로 간주되거나 또는 현실적인 것으로 근거지어진 것에 대한 경험적인 법칙들에 따른 결과들의 설명 근거로 간주될 뿐이다. 따라서 의견은 경험 대상들의 계열, 즉 경험적인 인식에서 발생하는 것이지 순수인식과 실천적인 의도에서는 성립하지 않는다. 모든 경험으로부터 벗어나 있는 이성 판단은 결코 의견이 아니다. 의견도 어떤 인식근거들에서 나온 참으로 간주함이긴 하나, 그 인식근거들은 결코 주관적으로도 객관적으로도 충분하지 못한 것이다. 즉 의견은 칸트의 표현을 빌리자면 "주관적으로도 객관적으로도 불충분하게 의식되는 참으로 간주함"(『순수이성비판』 B 850)이다. 따라서 의견은 '문제 있는' 판단이고 '잠정적인' 판단이며, 그런 판단의 대상들은 항상 '적어도 그 자체로 가능한 경험 인식'의 대상들, 즉 감각세계의 대상들이다. 그러나 그 자체로 가능한 경험 인식은 우리가 지니고 있는 단순한 능력 정도에 따를 때 우리에게는 불가능한 인식이다.

앎의 영역에는 개념들을 위한 대상들이 속한다. 그 개념들의 객관적 실재성은 단지 그 개념들에 대응하는 직관을 매개로하여 순수이성을 통해서 또는 경험을 통해서 증명될 수 있다. 이론적인 이성 사용을 위해 선천적으로 제시될 수 있는 대상들, 예를 들어 수학적 속성들뿐 아니라, 경험을 통해서 제시될 수 있는 사물들도 우리의 이론적 앎의 대상들이다. 앎은 주관적으로도 객관적으로도 충분하게 참으로 간주함, 즉 객관적 확실성이다.

의견이나 앎과는 전혀 다른 참으로 간주함은 믿음이라는 말로 표현된다. 의견은 주관적으로도 객관적으로도 불충분한 참으로 간주함이고, 앎은 주관적으로도 객관적으로도 충분한 참으로 간주함이다. 그러나 이 둘은 이론적인 의도에서 평가되도록 근거지워져 있다. 믿음은 단지 주관적으로는 충분하나 그러나 동시에 객관적으로는 불충분한 것으로 간주된다.

믿음인 참으로 간주함만이 주관적인 충분함으로 확신Überzeugung에 관계하지, 객관적인 충분함으로 이론적인 확실성Gewißheit에 관계하지는 않는다. 믿음은 이론적으로는 불충분한 참으로 간주함이나, 실천적인 관련 속에서는 타당하다. 따라서 그러한 믿음은 실천이성을 통한, 예를 들어 신의 현존에 관한, 이론적 명제의 참으로 간주함이다. 따라서 순수실천이성의 사용과의 관련 속에 선천적으로 놓여있어야만 하는 한 대상은 단적으로 믿음의 사태이며, 이 믿음사태의 개념은 우리에게 가능한 경험 속에서, 즉 이론적 이성 사용을 위해서 충분하게 그의 객관적 실재성에 따라 결코 증명될 수 없다. 이론적 인식을 현상 내에 제한함으로써 우리는 실천적 사용을 이끌어 내기 위해 이성의 확장을 가능한 것으로 생각할 수 있다. 실천적인 의도를 고려한 현상 속에서는 드러날 수 없는 무제약자에 대한 이성의 요구는 이성믿음Vernunftglauben을 이끈다. 따라서 신의 현존에 대한 수용 내지는 요청은 이성의 요구이다. 이에 부합하는 생각을 칸트도 이미 『순수이성비판』 첫머리에서 언급하고 있다.

> "믿음[신앙]에 자리를 주기 위해서, 나는 앎[지식]을 포기하지 않을 수 없었다."(『순수이성비판』 B XXX)

이성믿음 또는 이성신앙이라는 표현을 칸트는 일종의 수용 내지는 요청으로 이해한다. 예를 들어 우리 태도의 객관적인 실천적 규칙이 필연적으로 근거해 있기 때문에 바로 필연적인 전제가 되는 신의 현존의 전제 같은 경우이다. 그러한 전제에 따라 우리가 이성이념을 수행할 가능성과 이 이성이념에서 비롯된 대상 그 자체의 가능성을 이론적으로 통찰할 수는 없어도, 그러한 대상이 최고선, 즉 신과 일치하는 유일한 방식을 실천적으로 인식할 수는 있다. 결국 신의 현존에 대한 그 어떠한 이론적 믿음이나 신앙은 불가능하고, 단지 실천적인 의미에서 신의 현존에 대한 믿음은 단순히 가능한 것으로만 머무는 것이 아니라 실천적 의도와 뗄 수 없게 결합되어 있는 것이다.

칸트에 따르면 이제 실천적 연관 속에서의 믿음사태는 '세계 내에서 자유를 통해 야기될 수 있는 최고의 선'(『판단력비판』 457) 또는 '우리에 의해 작동될 수 있는 최고의 궁극목적', 다시 말하면 '창조의 궁극목적'(『판단력비판』 459)을 의미한다. 그러나 이것은 단지 순수이성의 실천적 믿음사태일 뿐이다. 왜냐하면 우리는 이러한 개념에 이론적인 의도가 아니라 단지 실천적인 의도에서만 객관적인 실재성을 부여할 수 있을 것이기 때문이다. 따라서 이러한 믿음사태는 이론적으로 고찰된 어떠한 증명근거에도 관여하지 않으며, 결국 어떠한 객관적인 교훈도 주지 못하고 단지 주관적이며 그러나 실천적으로 타당한 교훈만을 부여한다. 그럼에도 이와 같은 믿음사태는 반드시 전제되지 않을 수 없는데, 이 이성믿음은 비록 주관적이긴 하나 절대적으로 필연적인 실천적인 의도에서 이성의 전제이기 때문이다.

믿음사태에서 참으로 간주함은 순수 실천 의도에서 참으로 간주함, 즉 도덕적 믿음이다. 실천적 관련에서 믿음은 그 자체로 하나의 도덕적 가치를 지니는데, 여기서 믿음은 일종의 '자유로이 참으로 간주함'이며, 이 자유로이 참으로 간주함 없이 믿음은 어떠한 도덕적 가치도 지니지 못할 것이기 때문이다. 실천적 의도와 관련하여 칸트는 이 도덕적 믿음을 '실용적pragmatisch' 믿음과 구별한다. 실용적 믿음은 단순히 우연적이며, 숙련의 실천적 의도에 놓인 것으로 단순히 이론적 가정에 기인한 것이다. 즉 이런 믿음은 어떤 행위를 위한 수단의 현실적 사용에 근거해 있다. 게다가 칸트는 도덕적 믿음을 '독단적doktrinal' 믿음과도 구별하고 있다. 칸트에 따르면 독단적 믿음은 자연의 목적들에 따라서 최고의 세계원인을 추구하는 자연적 신증명론에 관계한다. 단순한 독단적 믿음은 자체 내에 어떤 동요動搖를 지니고 있다.

"우리는 자주 사변 속에서 드러나는 어려움들 때문에 동요하고, 곧바로

다시 그러한 어려움들에 되돌아가게 된다."(『순수이성비판』 B 855/6)

그에 반해 도덕적 믿음은 어떤 동요도 만들어내지 않는다. 왜냐하면 어떤 것이 반드시 일어나야 한다는 것, 즉 우리는 모든 것을 도덕적 법칙에 따라 수행한다는 사실은 도덕적 믿음에서는 단적으로 필연적이기 때문이다. 이성믿음은 이론적으로는 불충분하나 그럼에도 확신에 관계하는 참으로 간주함으로 이론적인 확실성이 아니라 도덕적 확실성이다. 이것이 의미하는 사실은, 신은 현존한다는 것이 도덕적으로 확실하다는 것이 아니라, 신이 현존한다는 것을 우리는 도덕적으로 확신하고 있다는 것이다. 이성믿음은 도덕적 심성들의 전제, 즉 주관적인 근거들에서 정립된다. 따라서 이것은 이론적인 인식만큼 확실한 것이다. 즉 이성믿음은 도덕적 심성에서 비롯된 확신을 만들어낸다.

"믿음은 이론적 인식을 위해서는 통용되기 어려운 것들의 참으로 간주함에서 이성의 도덕적 사유방식이다. 믿음은 심성의 확고한 원칙이다. 즉 최고의 도덕적 궁극목적의 가능성을 위해 조건으로 필연적으로 전제되어 있는 것이다."(『판단력비판』 462)

그것의 대상이 신의 현존(그리고 영혼불멸)인 이성믿음은 자유의 법칙에 따라서 하나의 의도에 도달하기 위한 신뢰, 다시 말하면 도덕성의 절대성 요구 위에 기초된 신뢰이다. 이제 인간은 신의 현존에 대한 물음에 최고의 의미를 부여하지 않을 수 없다. 이러한 물음이 단지 믿음에 대한 언표를 통해서만 대답될 수 있다면, 우리는 이제 형이상학 일반이 어떠한 위치에 서게 되고 어떠한 것이어야만 하는지를 충분히 제시할 수 있다. 칸트에 따르면 단지 하나의 유일한 방식의 형이상학만이 가능하다. 즉 실천적 의도에 따른 형이상학, 실천적 형이상학만이 있을 뿐이다. 따라서 신의 현존에 대한 인간의 이성 관심은 실천적 형이상학을 요구하지 않을 수 없다. 이러한 의미에서만 우리는 다음과 같은 칸트의 표현을 올바로 이해할 수 있을 것이다.

"초감성적인 개념을 다루는 형이상학은, 적어도 시도로서, 일반적으로 존재하고, 언제나 존재해왔고 그리고 앞으로도 존재할 것이다."(XX 319)

# 나가는 말

## 1) 인간 이성 능력의 완전한 전개와 이성비판의 체계적 완성

우리의 논의를 마칠 때가 다가왔다. 그전에 나는 여기서 다시 한 번 철학적 체계에 대한 칸트의 노력을 개괄적으로 요약해보려 한다. 이에 따라 우리는 이 글의 본래적인 목표인 최고선의 이념의 위치와 의미도 다시 인식할 수 있을 것이다.

I) 칸트에 따르면 인간 이성은 두 개의 상이한 법칙 부여를 지닌다. 즉 지성을 통한 자연법칙 부여와 이성을 통한 자유법칙 부여. 이에 따라 인간 이성의 법칙 부여를 의미하는 철학도 역시 두 대상을 지닌다. 즉 자연과 자유가 철학의 대상이다. 첫 번째 대상은 자연법칙에 따른 것으로 이론철학에 속하고, 두 번째 대상은 도덕법칙을 매개한 것으로 실천철학에 속한다. 따라서 인간 이성은 자연사물들을 오직 이성의 이론적 사용에서만 탐구할 수 있다. 그에 반해 인간 이성은 또한 자유문제들, 즉 초감성적인 것을 이성의 실천적인 사용에서 발견할 수 있다. 인간 이성의 법칙 부여인 철학은 따라서 두 상이한 원리들에 따라 자연철학인 이론철학과 도덕철학인 실천철학으로 나뉘어진다. 칸트에 따르면 그러나 모든 실천적인 문장들이 실천철학에

속하지는 않는다. 모든 실천적인 문장들은, 그 내용이 아니라 표상방식 내지는 정식에 따라서, 기술적-실천적technisch-praktisch이거나 도덕적-실천적moralisch-praktisch이다. 도덕법칙하에서 자유를 고려하는 실천적 문장들만이 또한 그 내용에 합당하게 참으로 실천철학에 속한다. 그에 반해 모든 기술적-실천적인 규칙들은 자연이 포함할 수 있는 것을 '자의Willkür'라는 원인에서 도출한다. 이는 일반적인 행복 이론이며, 단지 덤으로 주어진 '경품Korollarien'으로 이론철학에 속한다.

두 상이한 법칙 부여를 통해서 우리의 이성은 감성과 초감성이라는 두 상이한 영역을 지닐 수 있다. 그러나 두 법칙 부여는 하나의 같은 경험 지평 위에 놓여있어야 한다. 즉 두 법칙 부여는 우리의 심성 속에 있어야만 한다. 칸트는 이미 『순수이성비판』에서 두 법칙 부여와 그 법칙 부여에 속하는 능력들은 동일한 심성에서 함께 성립할 수 있다는 사실을 제시했다. 그러나 이와 같은 결과로부터 또다시 물을 수 있을 것이다. 즉 두 법칙 부여는 세계 내에서 어떤 관계를 지니는가? 칸트는 이 물음을 『판단력비판』의 주된 과제로 보았고, 여기서 자연으로부터 자유로이 이행 문제를 중점적으로 다루고 있다.

"자유 개념은 그 법칙들을 통해서 부과된 목적을 감각세계에서 현실적이게 만든다. 결과적으로 자연 형식의 합법칙성은 적어도 자유법칙들에 따라서 자연에서 작용될 수 있는 목적들의 가능성에 일치하는 것으로, 자연은 또한 그렇게 생각될 수밖에 없다."(『판단력비판』 XIX/XX)

이와 같은 물음에 대한 대답은 철학의 체계에 대한 물음으로 소급될 수 있고, 그에 따라 이성의 통일에 대한 노력으로 해결될 수 있다. 철학의 두 상이한 대상을 고려하여 칸트는 한편으로『순수이성비판』과『실천이성비판』에서, 오직 그것을 매개해서만 모든 것이 하나의 원리에서 도출될 수 있는, 그러한 '하나의 유일한 철학적 체계'와 '모든 순수이성 능력의 통일'에 대해 언급한다. 그러나 다른 한편으로 그는 특히『판단력비판』에서 자연으로부터 자유로의 이행을 말하고 있다. 비록 칸트 자신이 감각세계와 지성세계, 즉 자연법칙에 속하는 세계와 도덕법칙에 따른 세계를 구별하고, 그것으로 이성 일반의 사용을 이론적인 사용과 실천적인 사용으로 나누고 있음에도 불구하고, 그는 이러한 구별을 단지 우리 인간의 관점에서만 필요로 했을 뿐, 우리의 이성은 항상 이러한 구별의 통일성을 갈구하고 있다고 덧붙인다.

"인간 이성의 회피할 수 없는 욕구, 이 욕구는 인간 이성 인식의 완전하고 체계적인 통일 속에서만 완전한 만족을 찾을 수 있다."(『실천이성비판』 162)

이성을 통한 우리 인식 일반은 따라서 '단편Rhapsodie'이 아니라 '체계System'이다. 그리고 이 체계에서 이성 일반의 본질적인 목적들이 보호되고 촉진될 수 있다. 순수이성의 근원에서 나온 철학에서 이성의 사변적 사용은 실천적 사용과의 통일을 필연적으로 가지지 않을 수 없다.

칸트의 각각의 삼 비판서와 각 비판서 간의 관련 속에서 우리는 칸트가 얼마나 통일에 대한 노력을 쏟고 있는지를 충분하게 엿볼 수 있다. 칸트는 항상 인간 이성과 이성의 삶을 하나의 전체로 고려하려고 시도한다. 이미 단순한 사실들이 그와 같은 것을 지적하고 있다. 즉 각 비판서는 인간의 사유와 행위 그리고 감정이 연구의 대상인데, 하나의 전체로 간주된 삼 비판서 모두는 인간이라는 하나의 기본적인 연구를 제시하고 있다. 각 비판서에서 칸트는 방법론상 먼저 비판적인 태도를 지니고 이어서 체계적으로 대응한다. 칸트 비판철학의 전체 건물은 건축술적인 형식으로 특징된다. 칸트에게는 궁극적으로 전체 건물을 구축하기 위해서, 부분들을 비판적으로 조사하고, 그 부분들을 서로서로 분리하고 비교하는 것이 중요한 문제이다. 비판철학 내에서 철학 일반의 체계와 통일에 대한 칸트의 노력을 우리는 먼저 그의 비판철학과 형이상학 일반에 대한 관련 속에서 충분하게 이해할 수 있다.

칸트의 비판철학은 인간의 이성 능력을 그것의 근원과 내용 그리고 한계에 따라 분석하고 종합한다. 그러나 이성 일반의 비판은 인간의 본성에 특별하게 관련짓지 않고 이성의 가능성과 한계의 원리들만을 규정한다. 칸트의 비판철학에서는 오직 비경험적인 것, 즉 선천적인 것만이 문제시된다. 따라서 칸트는 예를 들어 『순수이성비판』에서는 자연의 선천적 내용을 그리고 『실천이성비판』에서는 자유의 비경험적인 내용을 규정한다. 선험철학Transzendental-Philosophie을 의미하는 칸트의 비판철학은 순수이성의 방식의 형식Formale에 관계한다. 그에 반해 학문으로서의 형이상학 일반은 또한 질료Materiale까지도 관계한다. 그러한 형이상학은 경험과도 밀접하게 관련되어 있는 인간의 본성도 포함해야만 하기 때문이다. 학문의 체계인 형이상학 일반에는 다양한 형이상학 개념들이 있다. 즉 형이상학은 다양한 영역을 포함한다. 존재론Ontologie으로 불리는 '일반 형이상학metaphysica generalis', 신과 세계 그리고 영혼 등 초감각적인 것에 대한 이론인 '특수형이상학metaphysica specialis' 그리고 칸트의 저술 이름, 즉 '자연학의 형이상학적 시초근원(1786)'이 보여주듯이, 경험적으로 주어진 것에 내재하는 순수 규정들에 따른 경험적으로 주어진 것에 대한 이론, 즉 '경험의 형이상학' 등이다.

인간 본성과의 특별한 연관을 다루는 학문, 즉 형이상학은 따라서 학문의 체계에 속하지 비판의 체계에 속하지는 않는다.『순수이성비판』의 과제를 고려하여 칸트는 전적으로 학문적 인식을『순수이성비판』에서 수행된 사변적 사유에 대한 형이상학 비판의 의미에 제한하고 있다. 물론 인식 개념을 모조리 학문적 인식의 개념으로 환원하는 것이 결코 그의 관심은 아니다. 우리에게 중요한 모든 물음들이 학문적인 인식의 영역에서 정식화되거나 대답될 수 있는 것이 아니라는 사실을 칸트도 잘 알고 있다.

그러나 우리는 '비판'과 '학문'의 연관성을 간과해서는 안 된다. 자신의 비판철학을 조망하면서 칸트는 자주 순수이성 일반의 비판은 철학적 체계의 완성을 위한 하나의 시도인 '예비학'이라고 언급하고 있다. 각각의 비판, 즉 비판철학은, 그것이 모든 순수한 선천적 인식을 고려하여 이성의 능력을 탐구하는 앞선 행위를 의미한다면, 예비학일 것이다. 그러나 모든 비판은 각각의 과제를 자신의 측면에서 완전하게 수행한다. 그와 더불어 우리는 삼 비판서 모두의 관련 속에서 순수한 철학적 인식들의 체계를 더 잘 고찰할 수 있게 된다.

본래적인 형이상학을 위한 예비학으로서 비판철학은, 칸트 자신이 말하듯이, 두 가지 의미를 지닌다. 즉 칸트는 말하길, 첫째로 순수이성의 비판은 하나의 '방법론Traktat von der Methode'이지 아직은 형이상학, 즉 학문 자체의 체계는 아니다. 둘째로, 자신의 비판철학은 형이상학의 가능성을 우선적으로 드러낸다는 점에서 본래적으로 형이상학의 한 부분이다. 첫 번째 의미와 관련하여, 즉 예비학으로서 비판철학을 위해서 다음과 같은 사실이 강조될 수 있다. 즉 순수이성의 비판은 형이상학의 체계를 위해서 단순히 '전체 개관ganzen Umriß'을 특징짓고, 학문으로서 근본적인 형이상학의 촉진을 위한 필연적이고 잠정적인 형태일 수 있다. 그러나 두 번째와 관련해서 드러나는 사실은, 순수이성의 비판은 오직 완전하게 조사되고 보장된 계획, 게다가 형이상학이 성립될 수 있는 완성에 대한 모든 수단을 그 자체로 포함하고 있다는 것이다. 이것으로 비판철학은 자신의 본래적인 목적인 형이상학의 정초를 지니게 된다.

그러나 우리는, 칸트 자신이 말한 것처럼, 형이상학의 운명은 선험철학인 비판철학과는 완전히 다른 것임을 알아야한다. 형이상학의 역사를 고려하여 칸트는 비판철학이 형이상학이 수행한 최후의 진보를 내딛었고 형이상학의 운명을 결정했다고 보고 있다. 여기서 칸트는 형이상학의 진보를 세 단계로 구분한다. 즉 독단적 단계, 회의적 단계 그리고 비판적 단계. 철학은 형이상학을 성취하기 위해 이 모든 단계를 거쳐야만 했다. 그러나 이러한 단계적 시간 질서는 인간의 인식 능력의 본성 속에 기초되어 있다. 형이상학의 정초를 위한 준비단계인 순수이성의 비판을 통해서만 순수이성의 철학 체계는 완전하게 될 수 있다. 이것이 선험철학이고, 이 선험철학이 순수이성의 모든 원리들의 체계이며, 이 체계의 과제는 선천적 종합 인식의 가능성의 수행이었다. 따라서 형이상학 일반의 운명은 선험철학에 달려 있고, 그것으로 선험철학인 비판철학은 미래의 형이상학의 체계인 것이다.

Ⅱ) 칸트는 『순수이성비판』 서두에서 인간 이성의 특별한 운명에 대해 언급한다.

"인간 이성은 벗어날 수 없는 물음에 시달리고 있다. 이 물음은 이성 자체의 본성에 의해 인간 이성에 부과되었으나 또한 이성이 대답할 수 없는 그러한 물음이다. 왜냐하면 이 물음은 인간 이성의 모든 능력을 넘어서는 것이기 때문이다."(『순수이성비판』 A Ⅶ)

이 물음은 완전성에 대한 물음이며, 그 물음 속에 초감각적인 것에 대한 이론인 형이상학의 과제가 놓여있다. 실제로 『순수이성비판』의 과제가 인간 이성 능력의 한계 규정이고 이와 함께 비판철학의 본질적인 특성이 선천적 종합 인식의 수행이었다고 하더라도, 이 비판철학에서 칸트는 또한 인간 이성의 완전성에 대한 이론을 묻지 않을 수 없었고, 그에 따라 비판들의 체계, 즉 비판철학을 형이상학이라는 보편적인 이름 아래에서 완성하지 않을 수 없었다. 여기서 우리는 예비학의 의미와 미래의 새로운 형이상학의 의미를 더 자세히 이해할 수 있을 것이다.

유한한 존재, 즉 감각세계에서 완전성에 대한 물음은 결코 만족될 수 없다. 여기 감각세계에서 완전성에 대한 물음은 다시 모든 가능한 경험의 한계를 넘어서는 '무한한 것'으로 나아가기 때문이다. 무한한 것das Unendliche은 무제약자das Unbedingte이며 조건들의 전체성Totalität이다. 칸트는 무제약자를 다음과 같이 표현한다.

> "[무제약자는] 경험과 모든 현상들의 한계를 넘어서도록 우리를 필연적으로 내모는 것이다. [무제약자는] 이성이 사물 자체에서 필연적으로 그리고 모든 권리를 가지고 모든 제약을 위해 필요로 하는 것이며, 그것을 통해 이성은 조건들의 계열을 완성된 것으로 요구한다."(『순수이성비판』 B XX)

그리고 무제약자는 주어진 제약자를 위한 조건들의 전체성의 개념이기도 하다.

> "이제 무제약자만이 조건들의 전체성을 가능하게 하고, 반대로 조건들의 전체성은 항상 자체로 무제약적이다."(『순수이성비판』 B 379)

이 무제약자는 그러나 단지 초감각적인 것을 의미하고, 그것의 내용은 우리 이성 자신이 회피할 수 없는 과제인 신과 자유 그리고 영혼의 불멸성이다.

> "신과 자유 그리고 영혼의 불멸성은 해결해야 할 과제인데, 그 과제의 해결을 형이상학의 모든 설비들이 최후의 유일한 목적으로 삼고 있다."

(『판단력비판』 465)

초감각적인 것에 대한 인식에서 이성은 오직 완전성에 대한 자신의 요구를 만족스럽게 바라보는 것을 기대할 수 있다. 따라서 그와 같은 과제의 해결만을 의도하는 형이상학이 이성에 부과되지 않을 수 없다. 따라서 칸트에 따르면 형이상학 일반은 감각적인 것에 대한 인식에서 초감각적인 것에 대한 인식으로 나아가는 학문을 의미한다. 그러나 형이상학이 목표로 하는 초감각적인 것은 이론적 인식을 위해 그 어떠한 지반도 지니지 못한다. '해안가 없는 바다ein uferloses Meer'로 비유되는 그러한 형이상학은 거의 언제나 이념 속에만 존재하지 않을 수 없다. 칸트는 모든 조건들 일반의 무제약적 종합적 통일에 관계하는 형이상학을, 그리고 오직 그것에서 이성은 완성과 만족을 만나게 되는 그러한 형이상학을 그 이념에 합당하게 세 부류로 구분한다. 즉 사유하는 주관의 무제약적 통일성과 현상의 조건들의 계열의 무제약적 통일성 그리고 사유 일반의 모든 대상들의 조건의 절대적인 통일성에 각각 관계하는 형이상학이 있다. 이 형이상학은 특수 형이상학metaphysica specialis으로 심리학psychologia rationalis과 우주론cosmologia rationalis 그리고 신증명론theologia transscendentalis으로 구분된다.

'이념Idee'이라는 개념을 칸트는 순수이성의 필연적 개념으로 파악한다. 이 개념은 감각적 경험의 그 어떤 대상에도 관련되지 않고 오직 절대자에게로 나아간다. 순수이성 개념인 이념은 모든 경험의 한계를 넘어서고, 그 속에는 그 이념에 충분한 그 어떤 대상도 등장할 수 없고, 그래서 초월적transzendent이다. 그러나 이념들은 자의적으로 가공된 개념이 아니고 순수이성 자체의 본성에 의해 부과된 것이다. 단적으로 이념들은 있으나, 그러나 그 이념들이 피상적이라거나 헛된 것이 아니다.

"비록 이념을 통해서 어떠한 대상도 규정될 수 없다 하더라도, 이념들은 근본적으로 그리고 암암리에 지성의 확장된 명료한 사용의 규준으로 지성에 기여할 수 있기 때문이다."(『순수이성비판』 B 385)

지성이 아니라 오직 이성에서 자신의 위치를 지니는 이념들에 비추어 이성은 지성에 자신의 완전한 사용 규칙과 확실한 통일성에 대한 방향을 지시한다. 이러한 것에 대해 지성은 어떠한 개념도 지니지 못한다. 이것은 모든 지성적 행위를 하나의 절대적 전체로 집약해간다. 이성 개념에 있어서는 바로 완전성, 즉 모든 가능한 경험의 통일성이 문제된다. 순수이성 개념인 이념을 통해 이성은 자신의 모든 인식을 하나의 체계로 끌어들인다.

그럼에도 불구하고 이러한 이념들은, 칸트에 따르면, 지성 사용 내에서 규제적 원리로서 '한계개념Grenzbegriffe'으로 남아있다. 이념들은 우리의 이론적 인식능력에서는 과도한 것이다. 왜냐하면 이념들은, 단순히 이념들이기 때문에, 칸트의 인식비판에 따라 현존하는 어떤 것을 고려한 우리의 이론적 인식의 확장을 가능하게 할 수 없기 때문이다. 그러나 이념들이 유용하지 못하다거나 없어도 되는 것은 아니다. 이념들은 우리의 이론적 인식능력, 즉 지성을 새로운 대상으로 확대하는 데 기여하지는 않는다. 그러나 이념들은 순수 이성 사용의 한계를 제시하고, 그와 함께 지성의 월권을 멈추게 하고, 더군다나 지성 자신을 자연의 고려에서 완전성의 원리에 따라 이끌고, 그것을 통해 학문 일반의 완전한 체계를 촉진하는 데 기여한다. 이념들은 '구성적 사용'을 통해 어떤 대상들의 개념이 주어지게 되는 그러한 이성의 구성적 사용에서 비롯되지 않고, 단지 지성 사용을 제한하는 '규제적 사용'에만 놓여있다. 지성개념들은 현실적으로 이념들에서 비롯되지 않는다. 그럼에도 이 이념들은 지성개념들이 가장 크게 확장될 때 이 지성개념들에게 가장 큰 통일성을 제공하는데 기여한다. 따라서 이념들은 경험 대상에 관한 우리 인식의 확장의 '구성적 원리들'에 관계하지 않고, 단지 모든 자연인식의 체계적 통일의 '규제적인 원리들'일 뿐이다. 이성의 통일을 의미하는 체계적 통일은 이성에 '객관적으로' 결코 경험을 통해서는 주어질 수 없는 대상들에게로 우리의 인식을 확장하는 데 기여하지 않는다. 단지 이 체계적 통일은 모든 가능한 경험적인 대상 인식 너머로 이성을 확장하기 위해 '주관적으로 준칙으로서' 기여한다.

그러나 순수이성의 철학에서 이성이념들은 규제적 원리들로서 단지 소극적인 역할만을 수행한다. 즉 순수이성의 철학은 '기관Organon'으로서 자신의 인식을 가능한 경험의 한계 너머로 확장하는 데 기여하지 않는다. 다만 순수이성의 철학은 '분과Disziplin'로서 이탈이나 오류를 저지하는 데 기여하고 그것으로 한계를 규정하는 데 기여할 뿐이다. 여기서 칸트는 순수이성의 기관을 어떤 원리들의 총체Inbegriff로 이해하고 있다. 그리고 이 원리들의 총체에 따라 모든 순수 인식들이 선천적으로 획득될 수 있고 현실적으로 성취될 수 있다. 그에 대해

분과는 강요Zwang를 의미한다. 그 강요를 통해 어떤 규칙들에서 벗어나려는 끊임없는 경향이 제한되고 결국엔 근절된다.

칸트는 『순수이성비판』에서 우리의 이성은 단지 가능한 경험의 대상만을 인식하고 그리고 모든 선천적 이성원리들로 그것의 인식을 제시한다는 사실을 드러냈다. 또한 이 사실과 함께 칸트는 『순수이성비판』에서는 이성의 사변적 과제를 고려하여 형이상학은 단지 환영Blendwerke과 오류Irrtümer를 차단하는 데 조용히 기여하고 있다고 생각한다. 그러나 그는 또한 이성은 자신의 본래적인 완전한 사용 그리고 이성의 순수 이념에 정향된 사용을 가능한 경험의 영역에서도 관련시킬 수 있다는 것을 받아들이지 않을 수 없었다. 그것으로 우리는 결국 다른 형이상학, 즉 실천적 의도의 형이상학을 기대할 수 있게 된다.

칸트가 말하듯이, 우리가 순수이성의 사용에 있어 단지 분과만을 필요로 하고 그 어떠한 것도 세울 수 없다면, 그것은 우리 인간 이성에게는 매우 겸손한 것이다. 분과를 의미하는 철학의 소극적인 기여 대신에 우리는 철학의 적극적인 근원을 추구하지 않을 수 없다. 그러나 이것도 역시 순수이성의 영역에 속하는 것이며, 게다가 이것은 사실 이성적 노력의 목표를 완수하는 것이기도 하다. 그러나 그러한 적극적인 것이 감각세계, 즉 가능한 경험의 대상들에서 추구될 수는 없고, 경험적 대상들의 한계 너머에서 찾아져야만 한다. 그러나 이 경험의 한계 너머에는 단지 이념들과 그 이념들의 대상, 즉 신과 자유 그리고 영혼불멸만이 문제시된다. 그리고 이것은 사변적 이성에 있어서는 항상 초월적인 것이고 우리 이성의 '아주 불필요한 그러나 또한 가장 어려운' 노력이다.

> "이성은 단순한 사변의 힘을 통해 감각세계를 넘어가기 위해 헛되이 자신의 날개를 펼친다."(『순수이성비판』 B 619)

그러한 이념을 고려하여 칸트는 이념의 형이상학을 생각하지 않을 수 없었다. 즉 하나의 형이상학이 있다면, 그것은 적어도 모든 인간의 이념 속에 실재하는 것으로, 그 형이상학의 과제는 인간 이성의 본성에 의해 주어진 것으로 또한 회피할 수 없는, 그러한 형이상학이 있다면, 그것은 필연적인 그러나 주관적인 방식으로 실재하지 않을 수 없다. 따라서 칸트는 하나의 형이상학, 그것의 대상들은 결코 경험에서 주어질 수 없는, 그런 형이상학을 정립하려고 한다. 칸트는 이것을 그 자체로 노력할 만한 가치가 있는 연구라고 생각한다. 물론 여기서 그는 실천적 형이상학을 생각하는 것이지, 결코 사변적 형이상학을 염두에 두지는 않는다.

우리는 순수이성의 이념을 사변적 의도에서 수용하지 않을 수 없는데, 이미 『순수이성비판』에서 드러났듯이, 이념들은 우리 이성의 본성을 통해, 즉 이성 추론에 합당하게 우리에게 부과되었고, 더구나 우리 사변의 모든 권리와 요구들의 '최상의 법정der oberste Gerichtshof'이기 때문이다. 결국 순수이성의 이념들은 그 어떠한 근원적인 기만이나 환영에도 관계하지 않는다. 이념은 그 자체로는 결코 가상적이지 않으나, 단지 그 이념들을 잘못 사용하거나 조심하지 못해서 기만적인 가상이 발생한다. 그러나 또한 이성이 실천적인 의도에서 이와 같은 이념들의 이론적인 수용을 따른다는 주장에도 이념들은 정당한 자격이 주어진다. 실천적 의미에서 이념들의 실행은 언제나 감각세계에서는 제한되고 부족한 것이긴 하나, 그 이념들은 항상 절대적 완전성이라는 개념에 영향을 주고 있다. 따라서 실천적 이념은 항상 최고로 결실이 있는 것이고, 현실적 행위들을 고려해서 '절대적으로 필요한unumgänglich notwendig' 것이다. 실천적 의미에서 이념들은 모든 가능한 목적들의 필연적인 통일성에서 나온 이념들로서 모든 실천적인 것에 규칙에 대한 근원적인 조건으로 기여한다. 따라서 순수이성 개념인 이념은 이성의 두 가지 사용, 즉 이론적 사용과 실천적 사용의 통일 또는 일치를 위한 실마리를 제공한다. 이성의 완전성을 칸트는 실천적 의도에 따른 이념에 적용하려 한다. 즉 사변적 형이상학을 고려한 순수이성의 완전한 준비는 단지 세 가지 이념들에 향해있으나, 그러나 이 이념들은 다시 자신들의 본래적인 의도인 '행해야만할 것was zu tun sei'에 관계하지 않을 수 없다. 이와 같은 실행문제는 최고의 목적과 관련한 우리의 태도에 관계되기 때문에, 칸트가 말하듯, 세계의 최후 의도는 본래적으로 실천적으로만 세워질 수 있다. 실천에 있어 이념들의 실행은 철학의 본래적인 가치를 드러낸다. 칸트는 실천이성의 우위의 강조를 통해, 특히 『실천이성비판』과 『판단력비판』에서, 철학적 체계를 완성시키려 한다. 실천이성의 우위와 더불어 그는 도덕적 주체인 인간, 즉 인격과 그 인격의 자연세계에 적용만을 생각하지 않는다. 여기서 그는 이성이 스스로 목적을 설정하고 다양한 방식의 사용을 통해 그 목적을 실현하려고 노력하는 가운데, 그 이성은 역시, 이성이 실천적 사용과는 다른 방식의 이성 사용에 기초를

놓고, 그 이성 사용을 주도하고 규정하는 실천적 사용을 지니기 때문에, 오직 이론적이고 사변적인 사용에서 기능할 수 있다는 사실도 언급한다. 실제로 순수이성의 비판은 이론적 사용에서 실천적인 것을 위한 탐구, 즉 "저 고귀한 도덕적 건물의 지반을 확고하게 만드는"(『순수이성비판』 B 375/6) 탐구인 것이다.

초감각적인 영역에서 이성의 모든 활동이 사변적 사용에서 박탈된 후에, 이성은 자신의 형이상학을 고려하여 단지 '처세술Lehre der Klugheit'에만 한정된다. 이 이론은 경험적 법칙들의 통일, 즉 우리의 경향성들에 의해 우리에게 부여된 모든 목적들의 일치에 관계한다. 이 처세술은 본래적으로 '행복론'이며 '수단의 일치'를 의미한다. 이 행복론에서 이성은 단지 다른 의도 또는 경향에의 관심에만 집중되어 있다. 따라서 이성 자신은 "자의적인 태도의 실용적인 법칙"(『순수이성비판』 B 828)으로 간주된다. 그에 반해 이성은 자신의 규정에 합당하게 그 자체로 만족할 만한 것을 요구한다. 그와 더불어 이성은 스스로 법칙 그 자체이고 싶어 한다. 그러나 이러한 법칙은 순수이성의 산물로서 실천적 법칙이고 순수이성의 실천적 사용을 위한 도덕법칙이기도 하다.

이론적 이성을 고려하여 최고의 이념은 절대적으로 필연적으로 현존하는 것, 즉 '필연적 존재ens necessarium'에 관련되어 있다. 그러나 실천이성의 이념은 도덕법칙이며 자유이다. 따라서 이성의 무제약자의 개념은 한편으로는 절대적 필연적 존재로 다른 한편으로는 도덕법칙으로 드러난다. 그러나 절대적 필연적 존재의 개념은 단지 순수이성의 이념이나, 도덕법칙은 이념일 뿐만 아니라 현실에서 하나의 사실로도 주어져 있다. 바로 이러한 도덕법칙을 고려해서만 우리는, 단순히 초감각적인 영역에 놓여있고, 이 영역에 우리의 이론적 인식은 조금도 관여할 수 없는, 그러한 이념들에 실천적 실재성을 부여할 수 있다.

도덕법칙을 매개로 해서 우리는 형이상학 일반의 '진보'를 의미하는 실천적 형이상학을 기대할 수 있다. 미래의 형이상학 또는 형이상학의 진보와 관련하여 칸트는 그의 모든 비판 저술에서 전통의 모든 형이상학과 그 형이상학의 본질적인 특성들을 비판한다. 형이상학의 본질적인 목적과 관련하여 형이상학은 사변에서는 그 어떠한 진보도 없었다. 형이상학의 예비학으로 순수이성의 비판이 정초된 후에야 우리는 새로운 형이상학 또는 형이상학의 진보를 기대할 수 있다. 그러나 이와 같은 형이상학은 오직 실천적 의도에서만, 실천적 형이상학으로만 가능하다. 칸트에 따르면 오로지 실천적 형이상학에서 우리는 형이상학 일반의 완성을 시도할 수 있고, 그와 함께 인간 이성 능력의 완전한 모습도 드러날 수 있다.

Ⅲ) 실천적 형이상학에 있어서 최고선의 이념은 근본적으로 주된 문제가 된다. 왜냐하면 최고선은 실천이성의 필연적인 대상일 뿐 아니라 초감각적인 것의 이념, 즉 신 자체이기도 하기 때문이다. 형이상학의 궁극의도는 초감각적인 것의 인식이다. 그러나 인간의 궁극목적은 이성에 합당한 태도, 즉 도덕적 삶이다. 이러한 의도에서만 초감각적인 것 일반은 필요하다. 만약 인간적 이성이 이성 사용의 궁극의도, 즉 이성적-도덕적 삶을 알고 있다면, 이성은 이러한 도

덕적 삶 일반이 실천적 형이상학을 통해서 가능해지는 방법을 터득할 수 있을 것이다. 무엇이 인간 이성 사용의 궁극목적인가? 다시 말하면, 이성적-도덕적 삶의 궁극 의도는 무엇인가? 이 물음에 대한 대답 여부에 모든 철학의 구축이 달려있다. 그러나 이 물음에 대한 대답의 자리에, 칸트의 경우, 목적론적인 숙고가 어떤 결정적인 역할을 하고 있다는 사실이 매우 분명하게 나타난다. 여기서 목적론적인 숙고는 자연으로부터 자유로의 이행을 가능하게 만든다. 체계를 종결하는 부분에서 분명히 자연 내지는 세계의 합목적성 개념이 나타난다. 그러나 그와 더불어 우리가 간과해서는 안 될 사실은, 목적에 대한 사유는 이미 모든 연구의 단초와 결정적으로 함께 규정되어 있다는 것이다. 자연과학의 성과들은 우리에게 아주 놀라운 매우 많은 것을 가르쳤다. 그러나 가장 중요한 것은 아마도 자연과학의 결과를 통해 '무지의 심연'이 드러난 것이다. 그리고 그 무지의 심연에 대한 심사숙고는 우리의 이성 사용의 궁극의도를 규정하는 데 커다란 변화를 일으키지 않을 수 없을 것이다.

이 무지의 심연 속에 또한 최고선의 이념이 놓여있다. 따라서 최고선의 이념은 항상 사변적 이성에 대해서는 과도한 것이다. 이성의 이론적 사용을 고려해서 최고선의 이념은 다른 이념들처럼 단순한 이념이고 초월적이다. 그 때문에 최고선의 이념은 경험적 대상 일반에 대한 그 어떠한 인식의 확장에도 관계하지 않는다. 최고의 근원적 선인 이러한 이념에는 결국 최고 존재의 이론적 인식이 문제되는 것이 아니라, 본래적으로 다만 다음과 같은 사실만이 중요하다.

"순수실천이성이 그런[최고] 존재에 대한 모든 전제 없이, 선천적으로 온 힘을 다하여 목적을 성취하도록 우리에게 지시하는 바로 그러한 목적에 마찬가지로 단지 실천적인 실재성을 부여하기 위해서, 다시 말하면 그러한 목적에 단지 하나의 의도적인 작용을 가능한 것으로 생각할 수 있기 위해서, 우리는 우리의 인식능력들의 소질에 따라 최고의 존재로부터 어떤 개념을 만들어야 한다. 그리고 우리는 그런 존재의 현존을 받아들이지 않을 수 없다."(『판단력비판』 435/6)

앞에서 이미 제시했듯이, 우리는 최고의 근원적인 선의 이념을 실천적 실재성의 근거, 즉 필연적이며 도덕적인 궁극목적의 실행 가능성의 근거로 받아들이지 않을 수 없다. 게다가 이러한 이념은 최고선의 가능성을 표상하기 위한 요청으로 간주되고 자연으로부터 구별되는 인간 인식능력들의 소질에 따른 자연의 최고원인으로 간주된다. 그러나 실천적인 것이 중요시되자마자, 단지 규제적 원리인 이 이념은 동시에 '구성적'으로, 즉 '실천적으로 규정적'이 된다. 따라서 우리가 이러한 이념을 오직 이성의 실천적 사용의 조건들에만 한정시킨다면, 이것은 결코 해가 되는 일이 아니라, 결코 '오인할 수 없는 유익함'을 의미한다. 이 이념이 이와 같이 사용되지 않을 경우, 신증명론 일반은 단순히 '신지학Theosophie'이나 '귀신론Dämonologie' 등으로 변질된다.

그러나 우리가 예지적 세계인 최고선의 이념을 실천적 의도 없이 최고 존재의 개념을 통해 통찰하려고 시도한다면, 우리는 우리에게 주어진 모든 것을 벗어나는 행보를 감행해야만 한다. 왜냐하면 최고의 존재는 우리 밖에서 주어진 것으로 인식되기 때문이다. 그러나 이 것은 결코 칸트의 의도가 아니다. 그는 학문으로서의 형이상학을 오직 인간의 이성능력의 가능성 안에서 정립하려 한다. 그에 반해 자유의 이념에서 최고선의 이념을 통찰하려는 칸트의 시도는 본질적인 우위를 지닌다. 도덕적 의지는 최고선의 이념을 성취하려고 매우 노력하기 때문이다. 자유의 이념은 감각세계 밖에서 예지적 존재에서 추구된다. 그러나 이 자유의 이념에서, 오직 도덕성의 원칙을 매개해서만, 다시 말하면, 이성 스스로가 규정근거가 되는 원칙, 그리고 이성이 순수이성으로서 실천적이 되는 원칙을 매개로 해서만, 우리는 예지적 존재를 감각세계와 연결시킬 수 있는 근거를 갖게 된다. 이러한 원칙은 오랫동안 모든 인간의 이성에 있어 왔고 그런 존재와 한 몸이 되었다.

우리의 주관은 도덕법칙을 통해 오로지 자유 아래에서만 가능한 예지적 존재로 규정된다. 다시 말하면 우리의 이성은 최고의 무제약적인 실천적 법칙으로 규정되고, 이러한 법칙을 의식하고 있는 존재를 순수지성세계에 속하는 존재로 인식한다. 바로 이러한 자유의 개념에서 우리는 최고선의 이념을 발견하기 위해 우리 밖으로 나갈 필요가 없다.

"사실 도덕법칙은 그 이념에 따라 우리를 자연 속에 옮겨놓는다. 그리고 순수이성이 그러한 자연에 잘 적용된 물리적 능력과 동행한다면, 이 자연 속에서 순수이성은 최고선을 도출해낸다."(『실천이성비판』 75)

도덕법칙이 인간의 감각적인 상태에 적용된다는 사실은 감각세계에 대해 새로운 질서를 부여한다. 그것은 이 감각세계에 대한 새로운 질서를 도덕법칙이 결정해주기 때문이다. 따라서 최고선의 이념은 도덕성과 결합되어 잘 조화된 행복의 세계이다. 그리고 이런 행복의 세계는 인격성의 이상이고 동시에 세계이상이다. 여기서 모든 이성적 존재는 도덕법칙의 원칙들의 지도 아래 지속적인 번영의 창조자가 될 수 있다. 따라서 도덕성에 대한 현실적인 관심을 우리 속에서 작동시키기 위해서, 최고선으로서 행복의 세계는 칸트의 경우 항상 유용하고 허용된 이념으로 남아있어야만 한다.

칸트 자신이 말하듯, 우리도 이제 참으로 말할 수 있는 것은, 최고존재인 근원존재의 개념은, 이 개념은 사변적 이성을 위해서는 과도한 것이지만, 도덕법칙이 제공하는 순수실천이성의 대상 개념인 최고선의 개념을 통해 규정될 수 있다는 사실이다. 따라서 최고 존재의 개념은 그리고 다른 모든 이념들도 자연과학이나 사변적 이성 그리고 사변적 이성 사용에 속하는 개념이 아니라 본질적으로 도덕과 도덕적 사용에 속하는 개념이다. 결국 신의 현존과 같은 최고 존재의 이념은 도덕에 속하는 것으로 실천이성의 대상 개념을 통해 규정된다. 그리고 세계 내에서 우리의 행위들은 도덕법칙에 따라 저 실천이성의 대상을 현실적으로 만든다. 따라서 최고선의 이념은 우리 의지의 내용이다. 그리고 이 '의지내용Willensinhalt'은 곧 도덕성과 행복이라는 두 이질적인 요소를 포함하고 있는 최고선의 가능성에 대한 조건으로 자연의 영역과 자유의 영역 간의 충분한 일치를 의미하지 않을 수 없다.

그러나 이 이념은 단지 이성의 주관적 조건에만 관계한다. 즉 이 이념은 이성에 이론적으로 가능하고 동시에 이성의 객관적 법칙인 도덕법칙에 유용한 방식에만 관계한다. 따라서 그러한 이념의 원리는 주관적으로 이성의 요구이며 동시에 도덕법칙에 의해 실천적-필연적으로 규정되는 최고선의 촉진수단으로 순전한 실천적인 이성믿음을 의미한다.


## 2) 글을 마치며

칸트의 비판적 윤리학의 기본문제들은 '의지의 규정근거'인 도덕법칙에 대한 물음에 관련되어 있다. 그에 반해 우리는 '의지의 대상'인 최고선의 이념에 대한 답변과 관련하여서 칸트는 학문으로서 철학 일반에 대한 완성을 염두에 두고 이것을 해결하는 데 매우 노력하고 있다는 사실을 주목해야 한다. 『순수이성비판』과 『실천이성비판』에서 칸트는 이론이성과 실천이성 또는 순수이성의 이론적 사용과 실천적 사용의 종합 내지는 통일을 시도한다. 이러한 시도는 물론 실천이성의 우위를 통해 이루어지기도 하고, 이념들의 요청을 매개로 하여 이루어지기도 한다. 그에 반해 『판단력비판』에서 그는 자연으로부터 자유로의 '이행' 개념을 목적론적인 숙고를 매개하여 전면에 등장시킨다.

최고선의 이념은 실천적인 이성관심이며 동시에 사변적인 이성관심에도 관계한다. 따라서 최고선의 이념은 두 종류의 이성을 위해서 없어서는 안 된다. 왜냐하면 한편으로 최고선의 이념은 도덕적 의지의 필연적인 내용적인 대상으로 실천이성의 윤리적 개념들 속에서, 즉 도덕철학에서 다루어지고, 다른 한편으로 최고선의 이념은 순수이성의 형이상학적 개념으로 사변적 이성이 자신의 궁극의도로 세워야만 하는 신이나 영혼불멸과 같은 이념들에 필연적으로 놓여있기 때문이다.

칸트는 처음에는, 즉 『순수이성비판』과 『실천이성비판』에서, 최고선의 이념의 도움으로 이론철학에 대립하여 독자적으로 전개된 완숙한 도덕철학의 기본문제를 해결하려 시도한다. 여기서 최고선의 이념은 도덕법칙의 실행을 위한 원리로 윤리학 내에서 지배적인 위치를 지닌다. 그러나 최고선의 이론을 고려하여 우리는 이론적인 것과 실천적인 것의 관계를 간과해서는 결코 안 된다. 이론과 실천의 관계가 고려되는 최고선의 이념에서는 실천이성과 이론이성의 종합 내지는 통일이 주된 문제이고, 또는 자연으로부터 자유로의 이행이 문제시된다.

순수실천이성의 대상인 최고선의 이념은 초감각적인 것이다. 최고선의 이념이 현실세계 내에서 가능하나 자연이 창출할 수 있는 것에서 찾아질 수는 없기 때문이다. 따라서 최고선의 이론은 우선적으로는 초감각적인 것에 대한 형이상학의 성분으로 간주되지 않을 수 없다. 이론적 정립 없이 최고선의 이론은 불가능한데, 최고선 이념의 실현은 전적으로 우리의 힘 안에 있지 않기 때문이다. 결국 최고선 이념이 발생할 수 있는 근원에 대한 이론적 개념이 있어야만 한다. 사변적 형이상학, 즉 자연과학을 소환하기 위해서가 아니라 궁극의도로서 단순히 초감각적인 것에서 나타나는 이념들의 형이상학은 최고선의 이론이 정립될 수 있는 근거를 부여할 수 있다.

> "이념에 대한 통찰은 신증명론과 도덕 그리고 이 둘의 결합을 통한 종교, 따라서 우리의 현존의 최고 목적들을 단순히 사변적 이성 능력 이외의 그 어떤 다른 것에도 종속시키지 않는다."(『순수이성비판』 B 395 주석)

따라서 사변적 형이상학에 의존하여 우리는 자연의 산물들을 위해서 자연의 최고원인을 수용하고, 그를 통해 자연 안에서 모든 것을 포함한 목적들뿐만 아니라 하나의 궁극목적도 생각할 만한 충분한 근거를 가질 수 있다. 그러나 자연적 신증명론은 근원존재에 대한 개념을 규정할 수 없었고, 더구나 이와 같은 근원존재의 인식을 위한 충분한 증거도 부여할 수 없었다. 사변적 형이상학 일반은 우리가 대상들에서 인식하는 것에 따르지 않고 단지 우리가 부여했던 것에 따라 성립하기 때문이다. 사변적 형이상학 일반은 우리에게는 과도한 것이다. 궁극목적인 최고선의 이념은 선천적으로 이성을 통해 수행되어야 한다. 따라서 최고선의 이념은, 비록 오직 이론적으로 반성하는 판단력을 위한 것이지만, 다시 말하면 단지 이성의 주관적인 조건이기는 하지만, 순수이성의 이론적인 요구에도 충분하게 제시될 수 있어야 한다. 이것은, 칸트에 따르면, 하나의 유일한 목적 이념, 즉 최고선의 이념을 매개하여 도덕적 목적과 자연적 목적을 결합하는 책임을 지니는 사변철학에 대한 최소한의 요구이다.

그에 반해 이념에 대한 이론적 통찰은 실천적 견지에서도 발생할 수 있고, 이론적 견지에서는 단지 초월적 이념이었던 최고선의 이념에 실천적 견지에 충분한 객관적 실재성을 확실하게 부여할 수 있다. 실천적 의도에 따른 형이상학을 고려해서만 우리는 최고선의 가능성과 더 나아가 최고선의 이념에 일치하는 자연의 최고원인인 근원존재를 받아들일 근거를 가질 수 있다. 실천적 형이상학의 내용을 의미하는 도덕적 신증명론은 우리가 최고선의 이념을 현실에서 받아들이고 그와 함께 현실세계 내에서 우리 자신을 또한 창조의 궁극목적으로 생각하게 하는 도덕적 근거를 가지고 있다는 사실을 확증한다.

형이상학 일반의 목적에서, 즉 이성의 절대적 통일의 원칙들에서 우리는 다시 한 번 최고선의 이론의 중요성을 언급할 수 있다. 칸트는 형이상학의 목적을 우리 인식의 완전성에 대한 이성의 노력으로 이해한다. 그는 이러한 이성의 노력을 여러 가지 점에서 구분하여 언급한다.

"1. 선천적 종합적 인식의 근원을 드러내는 일.

2. 우리 이성의 경험적 사용의 제한적인 조건들을 통찰하는 일.

3. 이러한 조건들로부터 우리 이성의 독자성, 즉 절대적 사용의 가능성을 제시하는 일.

4. 그것을 통해 우리의 이성 사용을 감각세계의 한계 너머로, 비록 단지 소극적이지만, 확장하는 일, 다시 말하면 (이성의 경험적 사용의 원리들로부터) 이성 스스로가 만들었던 장애를 제거하는 일.

5. 이성이 실천적 통일의 완전한 원리이기 위해서, 즉 이성이 최고에 대한 모든 목적들의 통일일 수 있기 위해서, 이성의 절대적 통일의 조건

을 제시하는 일."(XXIII 471)

　이러한 원리들은 그러나 필연적으로 우리의 인식의 확장을 제공한다. 형이상학의 목적과 관련하여, 다시 말하면 위에 언급된 1항부터 4항까지에서 인식의 확장 원리들은 우선적으로 소극적이다. 즉 가능한 경험의 한계를 넘어서는 우리의 이성 사용은 객관적으로 규정될 수 없다. 여기서 단지 드러나는 것은, 이러한 이성 사용에서는 이성의 이론적 사용과 실천적 사용의 일치가 단지 가능할 뿐이라는 것이다. 그러나 이성의 실천적 사용은 이론적 사용의 한계 너머로, 즉 감각세계 너머로 인도될 수 있다. 그리고 그것을 통해 완전한 통일에 대한 이성의 업무가 수행될 수 있다. 그러나 완전한 이성 통일에서 이성 인식의 완성은, 이때 모든 대상들은 단순한 이성을 통해 규정되는데, 다만 소극적으로 이루어질 뿐이다. 그 이유는 그러한 완성은 오직 이성적 존재에서 그리고 감각세계의 조건을 이성적 존재인 우리로부터 분리하는 데서 가능하기 때문이다. 감성의 제한하는 조건들로부터 이성의 자유는 이성의 선험적 사용을 가능하게 한다. 그러나 이러한 이성의 자유는 소극적인 도덕성의 원리이다. 이성 자체가 오직 우리 인식의 절대적 통일의 능력이기 때문에, 우리의 인식 일반과 우리의 모든 목적들의 절대적 통일성은 이성의 절대적 자발성을 위해 요구되지 않을 수 없다. 따라서 이성의 확장은, 비록 이론적 사용에서는 단지 소극적이지만, 그럼에도 실천적 의도에서는 필연적이다. 이성이 감성의 조건들로부터 자유롭고 실천적이어야만 한다는 바로 그 이유 때문에, 이성 통일의 원리들은 이론적 인식의 조건들에 따라 결코 구체적으로 표상될 수 없다. 이성 통일의 원리들은 순수이성의 어떤 대상도 주어지지 않은 감각세계로 나가지 않고, 저 감각세계에 근거해 있는 지성세계로 나아간다.

따라서 우리가 이성통일의 조건들은 감성으로부터 자유롭다는 사실에서 최고선의 이념을 찾게 된다면, 우리는 단지 그러한 이념의 소극적 의미만을 얻게 될 것이다. 왜냐하면 여기서 최고선의 이념은 감성의 제한하는 조건들로부터 완전히 벗어나서 단지 지성적 영역에만 속하기 때문이다. 따라서 최고선의 하나의 필연적인 요소인 행복도 경험적인 것이 아니라 지성적인 것으로 간주되지 않을 수 없다. 최고선 이념에 적극적인 의미를 부여하기 위해서는 최고선 이념 속에 우리의 현실적 세계인 감각세계도, 즉 감성의 조건들도 고려되어야만 한다. 바로 이러한 최고선의 이념에서는 감각세계의 '체계적 전체성' 뿐만 아니라, 감각세계의 '체계적 새로운 질서'도 문제가 된다. 최고선의 이념에서 이성은 목적들의 체계적인 통일을 상호적인 관련에서 기획한다. 이 상호적인 관련 속에 저 거대한 도덕적인 만족과 자연적인 충만이 일어난다. 즉 세계완전성의 이상! 최상의 세계mundus optimus!

# 참고 문헌

Kant, I., Kants gesammelte Schriften, hrsg. von der Königlich Preussischen Akademie der Wissenschaften, Bd. I-XXII, von der Deutschen Akademie der Wissenschaften Bd. XXIII-XXIV, Berlin 1910-1966.

_____, Kritik der reinen Vernunft, Band III/IV. (순수이성비판 B/A)

_____, Kritik der praktischen Vernunft, Band V.(실천이성비판)

_____, Grundlegung zur Metaphysik der Sitten, Band IV.(도덕형이상학 정초)

_____, Kritik der Urteilskraft, Band V.(판단력비판)

_____, Erste Einleitung in die Kritik der Urteilskraft, Band XX.(판단력비판 제1서론)

_____, Eine Vorlesung über Ethik, hrsg. P. Menzer, Berlin 1924.

Albrecht, M., Kants Antinomie der praktischen Vernunft, Hildesheim 1978.

_____, Glückseligkeit aus Freiheit und empirische Glückseligkeit. In: Akten des 4. Internationalen Kant-Kongresses Mainz 1974.

Beck, L.W., A Commentary on Kant's Critique of Practical Reason. Chicago 1960.

Bloch, F., Das Prinzip Hoffnung. Frankfurt a. M. 1959.

Brugger, W., Kant und das höchste Gut. In: Zeitschrift für philosophische Forschung. Bd. 18, 1964.

Cohen, H., Kants Begründung der Ethik, Berlin 1910.

Delekat, F., Immanuel Kant. Historisch-kritische Interpretation der Hauptschriften. Heidelberg 1963.

Düsing, K., Die Teleologie in Kants Weltbegriff, in: Kant-Studien Erg. 96, 1986.

_____, Naturteleologie und Metaphysik bei Kant und Hegel, in: Hegel und die Kritik der Urteilskraft(hrsg. von Fulda, H-F. u.a.) Stuttgart, 1990.

_____, Teleologie und natürlicher Weltbegriff, Neue Hefte für Philosophie 20.

1981.

_____, Das Problem des höchsten Gutes in Kants praktischer Philosophie, Kant-Studien 62. 1971.

_____, Der Übergang von der Natur zur Freiheit und die ästhetische Bildung bei Kant. In: Humanität und Bildung, hrsg.von Schurr, K.H. Broecken Hildesheil 1988.

_____, Kant und Epikur. In: Allgemeine Zeitschrift für Philosophie 2, 1976.

Forschner. M., Gesetz und Freiheit. Zum Problem der Autonomie bei I. Kant. München, 1974.

_____, Über das Glück des Menschen. Darmstadt 1993.

Fulda, H.-F., Von der äußeren Teleologie zur inneren. In: Der Begriff als die Wahrheit. Zum Anspruch der Hegelschen "Subjektiven Logik," Paderborn. 2003.

Hartmann, N., Teleologisches Denken, Berlin, 1951.

Heimseoth, H., Transzendentale Dialektik. Berlin 1966.

Heintel, E., Naturzweck und Wesensbegriff. In: Subjektivität und Metaphysik. Frankfurt a. M. 1966.

Henrich, D., Der Begriff der sittlichen Einsicht und Kants Lehre vom Faktum der Vernunft. In: Die Gegenwart der Griechen im neueren Denken. Festschrift für Hans-Georg Gadamer zum 60. Geburtstag, Tübingen 1960.

Hinske, N., Artikel 'Antinomie', in: Historisches Wörterbuch der Philosophie, hrsg. von Joachim Ritter, Bd. 1, Darmstadt 1971

Kim, B-G.; Glückseligkeit. Untersuchungen zu Kants ethischen Schriften. Diss. 1995.

Krämling, G., Das höchste Gut als mögliche Welt. Kant-Studien 77. 1986.

Lenfers, D., Kants Weg von der Teleologie zur Theologie. Diss, Köln 1965.

Murphy, J.G., The Highest Good as Content for Kant's ethical Formalism. In: Kant-Studien 56, 1965.

Pascher, M., Kants Begriff 'Venunftinteresse'. In: Innsbrucker Beiträge zur Kulturwissenschaft, Sonderheft 74, 1991.

Park Ph-B., Das höchste Gut in Kants kritischer Philosophie. Eine Untersuchung über den Zusammenhang von kritischer Ethik und Metaphysik, Diss. Köln

1999.

Patzig, G., principium dijudicationis und principium executionis. In: Handlungstheorie und Transzendentalphilosophie. hrsg. von G. Prauss, Frankfurt am Main, 1986.

Pleines, J-E.(hrsg.), Teleologie, Ein philosophisches Problem in Geschichte und Gegenwart, Würzburg, 1994.

_____(hrsg.), Zum teleologischen Argument in der Philosophie, Aristoteles-Kant-Hegel. Königshausen und Neumann. Würzburg. 1991.

_____, Teleologie. Chance oder Belastung für die Philosophie? In:Zeitschrift für philosophische Forschung 44. 1990.

Rinaldi, G., Innere und äußere Teleologie bei Kant und Hegel. In: Hegel und das mechanistische Weltbild, hrsg. v. R. Wahsner, Frankfurt am Main. 2005.

Rohs, P., Die Vemittlung von Natur und Freiheit. In: Akten des siebenten internationalen Kant-Kongresses. Bd. I, 1990.

Röttges, H., Kants Auflösung der Freiheitsantinomie, Kant-Studien Bd. 61. 1974 .

Schmidt, K., Mensch-Natur-Naturforschung. Bemerkungen zu Kants Kritik der teleologischen Urteilskraft, In: Die Aktualität der Philosophie Kants, hrsg. v. K. Schmidt, Amsterdam. 2005.

Silber, J. R., Kant's Conception of the Highest Good as Immanent and Transcendent. In: Philosophical Review 68, 1959.

Silber, J. R., The Metaphysical Impotance of Highest Good as the Canon of Pure Reason in Kant's Philosophy. In: University of Texas Studies in Literature and Language 1, 1959.

Volkmann-Schluck, K-H., Kants Transzendentale Metaphysik und die Begründung der Naturwissenschaften. Würzburg, 1995.

Wundt, M., Kant als Metaphysiker, Stuttgart 1924.

Zeldin, M. B., The summum bonum, the Moral Law and the Existence of God. Kant-Studien 62. 1971.


김양현, 「칸트의 목적론적 자연관에 나타난 인간 중심주의, 목적론적 판단력 비판을 중심으로」, 『철학』 55집 여름호, 1998.

맹주만, 「칸트의 유기체론」, 『칸트연구』 제12집, 한국칸트학회, 2003.

문성학,『칸트철학의 인간학적 비밀』, 울산대출판부, 1996.

문성학,「순수이성의 제3이율배반과 선험적 관념론」,『철학연구』제107집, 대동철학회, 2008.

박찬국,「목적론적 자연관에 대한 재검토」,『시대와 철학』, 2004.

박필배,「칸트 목적론과 헤겔」,『칸트연구』제6집, 한국칸트학회, 2000.

_____,「칸트 비판철학에서 문화 개념」,『철학』72집, 가을호, 2002.

_____,「자연과 문화 사이의 갈등, 칸트의 목적론적 세계관을 중심으로」,『칸트연구』제17집, 한국칸트학회, 2006.

배석원,「순수이성의 이율배반」,『철학연구』제33집, 한국철학연구회, 1982.

이엽,「이율배반: 칸트 비판철학의 근본 동기」,『칸트연구』제26집, 한국칸트학회, 2010.

이한구(편역),『칸트의 역사 철학』, 서광사, 1991.

# 최고선과 칸트 철학

초판 1쇄 인쇄 2015년 7월 23일
초판 1쇄 발행 2015년 7월 31일

지 은 이  박필배
펴 낸 이  정규상
펴 낸 곳  성균관대학교 출판부
출판부장  안대회
편    집  신철호 · 현상철 · 구남희
마 케 팅  박인봉 · 박정수
관    리  박종상 · 김지현
등    록  1975년 5월 21일 제1975-9호
주    소  서울특별시 종로구 성균관로 25-2
대표전화  02) 760-1252~4
팩시밀리  02) 762-7452
홈페이지  press.skkup.edu

ISBN    979-11-5550-117-7   93160